智能制造环境下混流生产的供应链物流信息协同机制研究

COLLABORATION MECHANISM ON SUPPLY CHAIN LOGISTICS INFORMATION OF MIXED-PRODUCTION UNDER INTELLIGENT MANUFACTURING

张志文　著

中国农业出版社
北　京

本研究得到河南科技大学博士科研启动基金资助项目（编号：13480095）、国家社会科学基金项目（编号：20BJY097）、国家自然科学基金资助项目（编号：52005159）、山东省重点研发计划（编号：2020CXGC011001）、河南省科技攻关项目（编号：222102220061）支持。

FOREWORD 前 言

智能制造是制造业高质量发展的主攻方向。与传统制造相比，智能制造将对产品整个生命周期的所有环节进行重塑，给制造业带来巨大变革。在智能制造环境下，众多装配制造企业采用混流生产以满足市场多样化、个性化需求，但同时对供应链物流提出了新的挑战。传统供应链物流由于信息不协同导致难以实现精准服务，成为影响智能制造系统发挥作用的重要原因。信息是现代物流的灵魂，供应链物流信息协同是实现供应链物流精准服务的重要基础。因此，从智能制造视角，研究混流生产的供应链物流信息协同机制，实现智能制造环境下供应链物流的精准服务，对智能制造有效实施具有重要的理论和现实意义。

本研究以农机装备制造企业为研究对象，从智能制造环境下混流生产的特征及供应链物流信息协同需求分析入手，集成演化博弈理论、广义灰色关联分析、统计过程控制、信息熵等方法，从组织、网络、流程和质量角度对智能制造环境下混流生产的供应链物流信息协同机制进行研究。本书的主要研究内容和创新性成果如下：

(1) 智能制造环境下混流生产特征及供应链物流信息协同需求分析

针对智能制造环境下混流生产的供应链物流信息协同实现问题，分析智能制造环境下混流生产的特征以及供应链物流信息协同的内涵及需求；以实现智能制造环境下混流生产的供应链物流信息协同为目标，构建包含组织层的供应链合作伙伴物流信息协同策略、网络层的供应链物流信息协同网络优化方法、业务层的供应链物流信息协同流程优化模型和应用层的供应链物流信息协同质量评价方法四个层面有机组合的供应链物流信息协同机制框架。从实际需求出发，阐明了供应链物流信息协同机制的研究实质。

（2）基于演化博弈的供应链合作伙伴物流信息协同策略研究

针对智能制造环境下混流生产的供应链物流信息协同主体的协同策略问题，应用演化博弈理论，以供应链合作伙伴所获得的收益最大化为目标，建立供应链合作伙伴间物流信息协同的演化博弈模型；利用复制者动态方程和演化稳定策略，探索供应链合作伙伴间物流信息协同演化稳定状态形成过程；通过实例验证了策略的有效性。为制造型企业实践供应链合作伙伴物流信息协同提供理论借鉴，促进合作伙伴采用供应链物流信息协同策略。

（3）基于广义灰色关联分析和DEMATEL的供应链物流信息协同网络优化研究

针对智能制造环境下混流生产的供应链物流信息网络节点众多制约协同的难点问题，建立供应链物流信息网络节点重要度评价模型，采用广义灰色关联方法分析各网络节点物流信息与物流决策结果之间以及节点信息之间的关系，应用DEMATEL方法确定各节点之间的相互影响，然后确定每个节点的重要度，选择重要度高的网络管理节点作为供应链物流信息协同的网络节点，实现对供应链物流信息协同网络结构的优化；通过实例证明了方法的有效性。为供应链物流信息协同网络结构优化提供一种有效的方法，可以降低信息交换成本和决策复杂度。

（4）基于灰色绝对关联分析的供应链物流信息协同流程优化研究

针对智能制造环境下混流生产的供应链物流信息协同流程的稳定性问题，以供应链网络管理节点收到物流信息的实际时间和标准时间之差，建立供应链物流信息协同流程数据序列；基于排序数据序列特性，分析传统稳定性评价结果；应用灰色绝对关联分析方法，建立供应链物流信息流程稳定性评价模型，分析其灵敏性，构建了智能制造环境下混流生产的供应链物流信息协同流程优化模型；通过实例验证了模型的可行性。为实现供应链物流信息协同流程优化提供理论支持，提高协同流程的稳定性。

（5）基于统计过程控制和信息熵的供应链物流信息协同质量评价方法研究

针对智能制造环境下混流生产的供应链物流信息协同质量的评价问题，提出基于JIT的供应链物流信息协同质量评价理念，确立“正确的时间和正确的数量”的协同质量维度；基于统计过程控制和信息熵方法，构造供应链物流信息协同质量评价模型，分别评价数量和时间方面的协同质量，计算各自的权重，获得协同质量的综合评价结果；通过实例验证了方法的有效性。为供应链物流信息协同质量评价提供一种有效的方法，为提高协同质量提供重要依据。

本研究从智能制造的新视角，从合作伙伴物流信息协同策略、协同网络结构优化方法、协同流程优化模型和协同质量评价方法四个方面进行了探索研究，通过实例验证了模型和方法的可行性和有效性，提出了以“组织层-网络层-业务层-应用层”四个层面有机组合为核心的智能制造环境下混流生产的供应链物流信息协同机制，可为有效实现智能制造环境下供应链物流精准服务提供理论和方法支撑。

CONTENTS 目 录

第1章 绪 论

1.1 研究背景与意义

智能制造是新一轮工业革命的核心，是制造业创新驱动、转型升级的制高点、突破口[1,2]。从智能制造的发展及应用情况来看，世界上的制造强国都在想方设法努力发展本国的智能制造[3]。智能制造是一个大系统工程，其中，智能产品是主体，智能生产是主线，数字化、网络化、智能化是生产技术创新的共性使能技术，而“智能生产”实质上就是智能化集成制造系统[1]。在智能制造环境下，市场需求呈现多样化个性化特征，制造企业为适应这一变化，其生产模式逐渐从传统的大批量生产向多品种小批量生产转型。在此背景下，混流生产成为实现这一转型的重要途径[4]。混流生产是典型的柔性化、精益化和敏捷化生产方式，具有品种多、批量小、混合流水生产等特征，是当前农机、汽车、发动机、家具、家电等装配制造企业为了适应市场个性化需求普遍采用的先进生产方式。

当前，供应链竞争已经取代了企业竞争[5]，未来的供应链将更多强调系统优化与全供应链的绩效，强调完全协同性[6,7]。供应链包含物流、资金流、信息流三大流[8]，其中供应链物流是供应链上所有物流活动的总称，贯穿供应链全流程，对提升供应链整体服务质量至关重要[9]。现代供应链物流强调供应链成员组织不再孤立地优化自身的物流活动，而是通过协作、协调与协同，提高供应链物流的整体效率[10]。智能制造对供应链物流提出了过程数字化、网络协同化和决策智能化等精准服务需求，对制造过程强调精益化、强调精准交付[11]。然而，传统供应链物流协同性不足无法实现精准服务，智能制造环境下混流生产的复杂性使这一状况更为突出，已成为影响智能制造系统发挥作用的重要因素。现代物流的灵魂是信息[12]，信息协同是协同理论在信息科学中的一个典型应用[13]，即以信息为对象，多个信息源在规定的时间和空间内，按照统一的规则实现信息的有序流转。物流信息协同是支撑物流功能聚合的技术基础[14]。因此，供应链物流信息（Supply Chain Logistics Information，SCLI）协同是实现供应链物流精准服务需求的重要因素[15]。从智能制造需求视角，研究混流生产的 SCLI 协同机制，形成 SCLI 协同进而实现智能制造对供应链物流要求的精准服务需求，对智能制造的顺利实施具有重要的理论和现实意义。

农机装备是中国制造 2025 战略的十大重点领域之一，是支撑我国农业生产和发展的重要基础和战略性产业[16,17]。与一般工业产品相比，作为生产资料的农机装备具有作业地域差异大、对象多样性、功能细分性、单产品市场需求规模小、用户需求个性化等特点，为适应市场的多样化、个性化需求，农机装备生产主要采用混流生产方式。未来优化产业升级、推动企业创新转型和实施智能制造成为农机行业的新发展趋势。

智能制造是我国制造业面临的新挑战和新机遇，它将智能技术、网络技术和制造技术等应用于产品管理和服务的全过程中，并能在产品的制造过程中分析、推理、感知等，满足产品的动态需求，也改变了制造业的生产方式、人机关系和商业模式，与传统制造模式有明显的差异。智能制造环境下混流生产对供应链物流提出了过程数字化、网络协同化和决策智能化等精准服务需求，对制造过程强调精益化、强调精准交付，这对 SCLI 协同提出了更高的要求，因此，需要深入系统地开展相关研究。同时，智能制造环境下混流生产的供应链主要是以制造商为核心的，但当前研究以有专门物流服务企业的供应链物流协同为主，而对以制造企业为核心的供应链物流协同研究尚存不足。

综上所述，智能制造是制造业高质量发展的趋势，混流生产是智能制造环境下装配制造企业普遍采用的生产方式，智能制造环境下混流生产对供应链物流提出了精准服务的需求，而 SCLI 协同是实现供应链物流精准服务需求的重要因素。因此，为了有效解决供应链物流无法精准响应智能制造环境下混流生产需求的重要难题，本书以智能制造环境下混流生产的 SCLI 协同机制理论为研究主题，以农机装备制造企业为研究对象，系统探索智能制造环境下混流生产的 SCLI 协同机制理论与方法，以期为实现 SCLI 协同提供理论基础，为制造业实现智能制造环境下的供应链物流精准服务以及智能制造顺利实施提供理论支持。

1.2 国内外研究现状综述

著名供应链管理专家 David Anderson 在 1999 年首次提出供应链协同之后，与该研究相关的方向受到了国内外众多学者的重点关注[18]。近年来，与之相关的研究成果总体呈上升趋势，产生了一些重要的成果，在一些方面取得了较为显著的进展，但真正研究 SCLI 协同方面的研究成果相对较少。对国内外的相关成果进行归纳分析总结，发现这方面的成果主要集中在供应链物流协同、供应链信息协同以及物流信息协同三个方向。

1.2.1 供应链物流协同研究现状

供应链物流协同是 SCLI 协同的目标，其通过供应链上的节点企业在物流上的有效配合和协同，以物流精益化为目标，提高供应链物流对市场需求和生产的快速响应能力，满足智能制造对供应链物流提出的精准服务需求。

（1）供应链物流的建设及优化

冰火等（2014）[10]从前提、核心、重点、支撑、突破、方向等方面提出了烟草供应链物流的建设路径，它们分别是战略定位、客户服务、精益管理、先进技术、物联网建设、专业运作。Trappey 等（2016）[19]系统地设计、分析和评价了一站式物流服务的改进框架，旨在为企业提供全球供应链环境下的综合和全面服务。翁卫兵等（2014）[20]研究了多重不确定环境下战略联盟供应链物流计划优化问题。刘艳秋等（2017）[21]针对第三方物流服务商的可靠性问题进行了研究，在建立物流服务契约时，考虑了物流服务商的可靠性。覃雪莲等（2018）[9]对供应链物流服务质量的内涵、特点、形成机理等进行总结，认为供应链物流具有复杂性、全局性等特点，并从量表开发和评价方法等方面对供应链物流服务质量度量研究进行系统评述。

（2）供应链物流协同在供应链中的作用

Ramanathan 等（2014）[22]通过实证方法从物流、供应商、零售商视角研究了绿色供应链中的协同角色。刘华明等（2016）[23]认为伙伴关系、物流能力对供应链整合均有显著的正向影响，伙伴关系对物流能力也具有显著的正向影响，且不同规模及行业企业的伙伴关系和物流能力对供应链整合的作用大不相同。段华薇等（2016）[24]考虑在企业履行社会责任和集中决策时，物流服务供应链总利润更大，且双方利润都与其社会责任效用因子正相关，收益共享契约能有效地对物流服务供应链进行协调。张福安等（2016）[25]认为供应链上的主导企业可以通过选择合适的物流策略以及物流的补贴机制实现供应链稳定。公彦德等（2015）[26]构建了包含两个销售商、物流服务提供商以及供应商的供应链模型，经过对不同协同方式的对比研究，认为供应链的横向协同较优且这种供应链会产生所谓的溢出效应。段华薇等（2016）[27]研究了公铁联运物流服务供应链协调问题，结果表明在建立供应链收益共享机制时，既可以基于增量利润，也可以基于系统贡献度。付焯等（2018）[28]针对时间约束条件下的物流服务问题进行了研究，认为物流延误容易导致超期风险并分析了该风险在生鲜农产品供应链中的传递问题。马波（2018）[29]基于结构模型构建物流风险识别与度量模型，系统地分析物流企业供应链违约风险形成机制、影响因素和风险措施。徒君等（2018）[30]针对传统物流契约的不足，针对电商和第三方物流之间的协同问题，分别引入成本分担契约与收益共享契约加以解决。

（3）供应链物流协同模型及策略和配送策略

Ascencio 等（2014）[31]基于供应链管理理念建立了一个依赖利益相关者的集成和协同的合作物流框架，该框架可以作为供应链内部协调的参考模型。王建华等（2016，2018）[32,33]对 Supply－Hub 的装配式供应链物流协同研究进行了综述，并研究了基于 Supply－Hub 物流运作模式的下游供应链物流协同策略。闫涛（2018）[34]对电气车间的混流生产装配线的物料配送策略进行了研究，建立相应问题的数学模型并设计算法。杨健（2019）[35]研究了混流生产的汽车总装车间的物料输送问题，提出了一种协同调度技术并开发了相应软件。吕再生（2019）[36]设计了汽车混流生产的物料配送车辆路径模型和基于改进遗传算法的求解算法。施贝（2019）[37]研究了混流制造车间存在的物料配送问题，针对不同种类物料设计了相应的配送策略，建立了物料配送的路径优化模型，基于粒子群、遗传算法和模拟退火算法提出了求解算法。万林（2019）[38]建立了混流生产的农机装备车间的配送路径优化模型并提出相应的求解算法，建立了专用和通用两类物料的配送期量标准模型。杨晓英等（2020）[39]分析了智能制造环境下混流生产的特征及其对物流精准服务的需求，提出了供应链物流协同策略，建立了该情况下的配送期量协同优化模型及求解算法。王昀睿等（2021）[40]针对混流装配车间存在的配送问题，以总费用最小化为目标建立了配送路径规划模型并进行了求解。付帅帅等（2021）[41]利用 EGT 对跨境电商物流供应链进行研究，对跨境电商参与主体的行为决策进行了分析，探讨了该供应链协同发展的三种演化稳定策略。高志军等（2021）[42]认为第三方物流和全球供应链协同演化的结果形成它们之间的嵌入性关系，研究了它们之间的协同演化机理。

供应链物流协同是供应链协同的核心，学者们提出了供应链物流建设路径及优化方案，探讨了供应链物流对供应链的作用，提出了一些供应链物流协同模型及策略，对供应链物流协同起到了很好的支持作用。然而，物流信息是物流的灵魂，但当前对智能制造新环境下的供应链物流协同尚显不足，尤其是对适用于多品种小批量混流生产及以物流服务精准化为目标的研究仍需进一步深化。

1.2.2 供应链信息协同研究现状

SCLI 协同是供应链信息协同的重要组成部分，因此，供应链信息协同的研究成果对 SCLI 协同具有重要的参考价值。

（1）供应链信息协同的基本概念、作用

Francesco 等（2014）[43]研究了信息共享水平不同情景下四层供应链中协同与协调的相互作用。Wu 等（2018）[44]从社会交换视角对供应链绩效与信息共享与协同、信任之间的复杂关系进行了研究，并提出一种检验它们之间关系的新模型。Wang 等（2014）[45]采用来自中国 272 个制造商的调查数据探讨了管理关系和信任对于供应商机会主义以及供应链中信息分享的影响。Huang 等（2017）[46]研究了两级的季节性需求产品供应链，该供应链包含一家供应商与一家零售商，探讨了信息共享对该类型供应链协同与效率的影响。Huang 等（2017）[47]分析了技术许可条件下闭环供应链中制造商和分销商以及第三方三者之间共享信息的优势。Jeong 等（2019）[48]利用四阶供应链模拟模型研究了信息共享对牛鞭效应的影响。Lv（2017）[49]采用领导者-跟随者模型研究了信息共享前后双方各自的库存持有成本及总库存持有成本的变化情况。马捷等（2018）[13]对信息传递、信息共享、信息集成以及信息网络等与信息协同容易混淆的概念进行比较分析，剖析信息协同与这些相关概念之间的区别以及相互联系之处，对信息协同的定义进行了较为准确的界定。Şahin 等（2019）[50]确定了供应链过程中信息共享对成本、财务和商业绩效的影响。Srivathsan 等（2018）[51]构建了一个由两个生产商和一个零售商构成的供应链，考虑了三个层次的信息共享（高、中、低）以及无信息共享来评估共享额外信息的边际收益。建立相应的模型来评估库存信息共享的价值。Dominguez 等（2018）[52]认为基于信息共享的绩效改善取决于零售商的经营要素。Teunter 等（2018）[53]分析证明了在静态环境中，下游信息共享可以改善制造商的预测与库存绩效，但效果并不明显，而在随机步长且零售商反应迟缓的环境下，信息共享可能带来负面影响。Rached 等（2016）[54]通过建立物流总成本数学模型，仿真对比了信息共享和非共享下的物流成本，探讨了协同以及信息共享对于供应链下游合作伙伴的重要作用。

（2）供应链信息协同模型及优化策略

江务学等（2016）[8]提出了拥有在线和离线两种基本状态的供应链信息协同模型。Ha 等（2017）[55]针对分别包含一家零售商与一家制造商的两个竞争供应链，研究了信息共享对供应链的影响及在数量竞争和价格竞争中的需求信息共享问题。汪传雷等（2017）[56]从功能、对象以及属性等三个方面研究了区块 SCLI 资源管理问题，并基于区块链技术建立了 SCLI 生态圈模型。Zheng（2017）[57]探讨了基于系统动力学的零售企业供应链的信息协同优化策略。Cigdem 等（2018）[58]把云计算作为电子供应链管理系统的推动者，从而进一步加强多层次医院供应链中的协同信息共享。赵谞博等（2018）[59]针对具体的港口煤炭供应链信息化问题，研究了该供应链的流程、管理模式等，设计了该供应链的协同运作信息化体系，探讨了支撑该体系实现的具体模式。Raweewan 等（2018）[60]运用博弈论研究了竞争-合作和竞争环境下的信息共享问题。Zhou 等（2021）[61]提出用现场可编程门阵列和物联网进行物流供应链信息协同的方法。

（3）供应链信息协同的影响因素

Kembro 等（2017）[62]研究了多层供应链信息共享问题，采用 Delphi 法确定了 22 个影响多层供应链信息共享的因素。张涛等（2018）[63]针对汽车零部件的入厂物流问题，基于物联网构建了相应的信息系统架构，重点研究了影响物联网技术被该类物流采用的相关因素。关越（2018）[64]认为影响传统供应链信息协同效果的要因包含四个方面，即：合作伙伴之间的相互信任关系、信息共享水平、技术水平以及成本等。李杰（2020）[65]认为技术能力、成本、信息透明度和信任关系是影响供应链信息协同的主要因素。

（4）供应链信息协同绩效科学评价

徐莉莉等（2015）[66]对供应链受到信息协同的影响进行了剖析，针对物联网环境下供应链特点，设计了相应的信息协同度评价指标体系并提出了新的评价方法。Jiang（2019）[5]利用物联网和大数据技术，针对供应链牛鞭效应问题，基于其数学模型建立了其仿真模型，并运用仿真方法对模型中的关键因素进行了研究。

当前对于供应链信息协同已开展了广泛而深入的研究，确立了供应链信息协同对供应链协同的重要性，探讨了供应链信息系统优化策略，针对一些具体行业（如建筑业）提出了供应链信息协同机制，设计了供应链协同信息化体系。这些成果对供应链实现信息协同提供了很好的支撑，但对供应链信息协同绩效、网络结构和业务流程的研究有待进一步深入。

1.2.3 物流信息协同研究现状

（1）物流信息协同或共享产生的影响

Xu 等（2014）[67]发现信息服务投资对物流效率有着积极的影响。Liu 等（2015）[68]探讨了协同流程以及信息共享这两者对物流外包产生的主要影响。Huang 等（2017）[69]基于第三代移动通信技术开发设计了物流运输管理系统，使物流运输的能力和服务水平得到了很大提升。Guo 等（2017）[70]使用 Android 系统设计与实现了基于物联网的物流信息系统，降低了物流时滞和能源消耗。Werthmann 等（2017）[71]采用案例研究方法分析了利用基于射频识别（RFID）和电子产品代码信息服务（EPCIS）改进整车物流的信息共享，可以对整车物流决策进行更好的规划以及控制。马述忠等（2020）[72]实证分析了影响消费者跨境物流信息偏好的因素，对跨境电商提供差异化服务、降低成本、提高效率具有重要意义。

（2）物流信息的科学分析

近年来张玉峰团队研究了物流信息分析研究现状和趋势，展开了基于云关联、云分类、云聚类挖掘的物流信息智能分析方法研究，他们也研究了基于动态数据挖掘的物流信息模型和智能分析策略，以及融合物联网与数据挖掘的物流信息处理与分析[73-79]。Iskra 等（2016）[80]用现代方法分析了物流信息系统的发展、类型和功能。郭韧等（2018）[81]研究了信息匹配问题，采用动态聚类方法提出了一种框架，并将其应用于跨境电子商务物流中。Gao 等（2018）[82]基于属性的加密和基于位置的密钥交换，提出了一种基于位置和属性的移动设备访问控制的物流信息隐私保护方案。Zhang（2020）[83]提出了一种基于动态数据挖掘技术的港口物流信息智能分析策略。

（3）物流信息协同机制

胡进（2014）[84]为保障物流信息协同能够实现，从安全机制、信息层集成机制、业务层协调机制和组织层整合机制四个方面构筑了协同机制和体系，基于物联网技术，设计了物流信息管理的大致框架。韩小改（2014）[85]认为在大数据时代，信息反馈对于电子商务物流来说异常重要，对其机理进行了研究。孙芳（2015）[14]对国际物流信息协同问题进行了研究，分析了其机理，从协同模式、智能系统及标准等三个方面提出了相应的促进策略。Choi 等（2016）[86]研究了服务供应链系统中的物流、信息及外包的协调和风险管理。卢安文等（2019）[87]采用多任务委托代理模型从集成商角度研究了激励供应商进行物流信息共享的策略。陈启新（2021）[88]研究了物流信息在各应用领域实践中的运行机制以及风险。这些物流信息协同机制的研究对象大多是社会物流，对 SCLI 协同机制的研究有待进一步深入。

（4）物流信息系统或平台建设

Hu 等（2014）[89]提出一种公共物流信息服务管理与优化决策支持系统，以整车物流为例，验证了决策支持系统和决策模型的有效性。Zhu 等（2017）[90]基于物联网技术建立了适用于逆向物流管理的信息系统。孙笑等

(2017)[91]在敏捷物流的研究中，引入“互联网+”，构筑了信息共享平台，达成了物流信息的有效共享与业务的交互。Fu 等（2018）[92]认为物流信息智能平台的应用可以促进物流信息化，基于技术接受理论研究用户的使用意愿问题，并用调查问卷数据进行实证验证，确定对意愿产生影响的关键因素和途径。Yang 等（2017）[93]分析了企业资源计划系统下物流管理存在的问题，并以某制药集团为例，分析和改进了其物流信息系统。程琳等(2018)[94]认为大数据对于物流行业非常重要，研究了大数据共享物流信息平台，对其运行机理进行了分析，对理论和应用模型进行了构造。Tiye 等(2018)[95]认为供应链中适当的物流管理信息系统可以通过保持准确及时的信息来达到理想的结果。桂云苗等（2021）[96]基于 Hotelling 模型分析了物流信息平台不同场景下最优的投资策略，建立了平台主体行为的演化博弈模型，解析了主体的投资均衡策略形成机理。Guo（2020）[97]提出了电子商务环境下港口物流信息平台建设的一些条件。Zhang 等（2020）[98]将大数据思维和共享理念融入共享物流中，设计了一个高度共享的海洋物流信息平台的架构并提出了其实现方法和应用模型。He 等（2021）[99]利用完善的智能物流系统改变了库房作业，实现了起重机的无人操作和智能调度。Li 等（2021）提出了战时工业物流信息集成的五层架构和集成流程。Zhang (2021)[100]基于物联网技术提出了一种适用于物流园区的供应链信息推送方法。

当前已围绕物流信息的作用及其分析利用、物流信息协同机制、物流信息系统或平台等进行了卓有成效的研究，对实现物流信息共享，降低物流的时滞有非常积极的效用，提高了信息在应用方面的价值。但尚需针对智能制造环境下，以制造企业为核心的 SCLI 协同机制方面开展深入研究，特别应对物流信息协同实现的信息网络、信息流程等开展更深层次的研究。

1.2.4　研究现状总结

综合与供应链物流信息协同相关的供应链物流协同、供应链物流信息协同和物流信息协同等三个领域的研究成果，这些成果为开展本研究提供了非常重要的借鉴和理论支持。但针对本书的研究主题，以下关键问题还有待深入研究：

（1）智能制造环境下混流生产的 SCLI 协同机制架构研究

智能制造是制造业发展的趋势，其将对制造业产生革命性的影响，但现有研究多关注传统环境下的具体问题，在众多制造企业从传统制造向智能制造转型的大环境下，直接引用传统环境下的研究成果或结论对于解决智能环境下混流生产的 SCLI 协同问题，结果是显而易见的。因此，为了实现 SCLI 协同，应在对新环境下 SCLI 协同需求进行充分分析的基础上，构建较为完善的协同机制框架和理论方法系统。

（2）从 SCLI 协同实现角度和精准及稳定性视角对实现新环境下 SCLI 协同的合作伙伴之间的互动及协同过程要素进行深入探索

尽管有研究认为物流信息协同机制可以是安全机制、信息层集成机制、业务层协调机制以及组织层整合机制等的循环整合，但其只是提出概念性的划分，缺少详细理论方法支撑。而且，在智能制造环境下，实现 SCLI 协同需要在组织、网络、业务、应用等各个层面进行协同，因此在实现 SCLI 协同方面还有很多需要深入探索之处。

（3）SCLI 协同质量的评价方法

尽管当前研究中有不少关于传统质量评价的成果，但关于协同质量评价的研究较少，而且多数与传统质量评价相关的关键理论分析与模型构建中，普遍采用层次性指标体系，其中往往含有主观性指标，这类指标的存在极易造成评价结果随评价参与者的变化而变化，由此导致评价结果的可信度和参考价值降低。在智能制造环境下，可以通过智能数据采集装置很容易获取协同质量评价的各种数据，使更为科学客观的评价成为可能。因此，为提高协同质量评价的确定性，使评价结果更具参考价值，有必要探索如何充分利用这些数据、结合 SCLI 协同目标对协同效果进行更客观、科学评价的方法。

1.3 研究目标与内容

1.3.1 研究目标

为有效解决供应链物流无法精准响应智能制造环境下混流生产需求的重要难题，以农机装备制造企业为研究对象，从智能制造环境下混流生产特征和 SCLI 协同需求出发，集成应用供应链物流、协同学、灰色系统理论、演化博弈理论等理论方法，分析智能制造环境下混流生产特征及其对SCLI协同的需求，提出从SCLI协同合作伙伴、网络结构、流程优化、质量评价四个方面构建智能制造环境下混流生产的SCLI协同机制，以期为实现SCLI协同提供理论基础，进而为制造业实现智能制造环境下的供应链物流精准协同及实施智能制造战略提供理论支持。

1.3.2 研究内容

在对智能制造环境下混流生产的特征和其SCLI内涵进行分析的基础上，剖析其智能制造环境下混流生产的SCLI协同需求，构造包含组织层、网络层、业务层、应用层四个层次有机组合的SCLI协同机制框架，并从组织层的供应链合作伙伴物流信息协同策略、网络层的SCLI协同网络优化、业务层的SCLI协同流程优化、应用层的SCLI协同质量评价四个方面对智能制造环境下混流生产的SCLI协同机制进行研究。本研究拟采用的研究框架如图1-1所示。

（1）智能制造环境下混流生产的特征及SCLI协同需求分析

分析智能制造环境下混流生产特征，从物流信息要素角度定义智能制造环境下混流生产的SCLI数学模型，剖析SCLI协同需求，以实现智能制造环境下混流生产的SCLI协同为目标，从组织层、网络层、业务层、应用层四个层面构造了SCLI协同机制框架，包含组织层的供应链合作伙伴物流信息协同模型、网络层的SCLI协同网络结构、业务层的SCLI协同流程优化、应用层的SCLI协同质量评价方法等内容。

（2）基于演化博弈理论的供应链合作伙伴SCLI协同策略研究

分析智能制造环境下混流生产的SCLI协同主体及合作伙伴协同博弈，基于智能制造环境下混流生产的供应链合作伙伴的利益最大化，采用演化博弈理论，构建SCLI协同策略演化博弈模型，剖析SCLI协同演化均衡的形成机理，分析各种因素对供应链合作伙伴形成SCLI协同的影响。

（3）基于广义灰色关联分析和DEMATEL的SCLI协同网络优化研究

剖析智能制造环境下混流生产的SCLI网络的组成和网络结构问题，将SCLI决策假设为决策表，从网络使用者角度，对SCLI网络节点重要度进行定义，分析各网络节点物流信息与物流决策结果之间的关系以及节点信息之间的关系，建立 SCLI 网络节点重要度评价模型，以此为核心，构建智能制造环境下混流生产的 SCLI 协同网络结构模型，并进行实例验证。

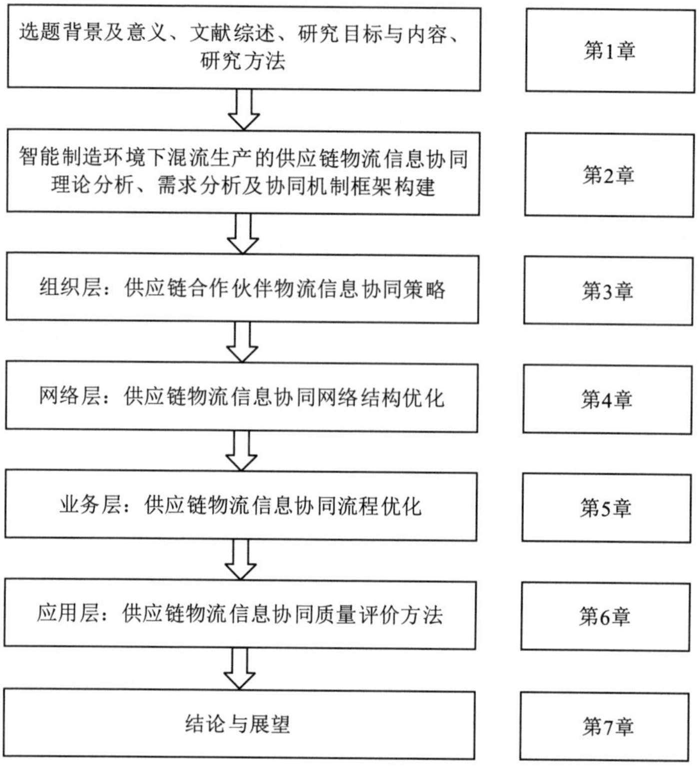

图 1-1　研究框架

（4）基于灰色绝对关联分析的 SCLI 协同流程优化研究

分析智能制造环境下混流生产的 SCLI 协同流程框架和问题，剖析 SCLI 协同流程，建立 SCLI 协同流程数据序列，利用排序数据序列特性，构建 SCLI 流程稳定性评价模型并分析其灵敏性，构建智能制造环境下混流生产的 SCLI 协同流程优化模型，并进行实例验证。

（5）基于统计过程控制和信息熵的 SCLI 协同质量评价方法研究

分析智能制造环境下混流生产的 SCLI 协同质量内涵和维度，结合当前制造业推行准时化生产的实践现状，构筑基于 JIT 的 SCLI 协同质量评价视角，进而构建智能制造环境下混流生产的 SCLI 协同质量评价模型，并进行实例验证。

1.4 研究方法

在研究中用到的主要研究方法包括演化博弈理论（Evolutionary Game Theory，EGT）、广义灰色关联分析（Generalized Grey Relational Analysis，GGRA）与决策试验和评价实验室方法（Decision Making Trial and Evaluation Laboratory，DEMATEL）、灰色绝对关联分析（Grey Absolute Correlation，GAC）、统计过程控制（Statistical Process Controlling，SPC）与信息熵（Information Entropy，IE）等方法。

（1）演化博弈理论（EGT）

EGT 主要应用于智能制造环境下混流生产的供应链合作伙伴 SCLI 协同模型研究。基于由供应商和制造商组成的两级供应链，建立 SCLI 协同的演化博弈模型。以利益最大化为目标，分析了供应商、制造商、制造商与供应商组合的战略演化博弈，确定演化稳定策略。

（2）广义灰色关联分析（GGRA）与决策试验和评价实验室方法（DEMATEL）

该方法主要应用于对智能制造环境下混流生产的 SCLI 网络节点进行重要度评价。根据 SCLI 网络节点数据，利用 GGRA 方法确定各网络节点信息对决策的广义灰色关联度和各网络节点信息之间的初始影响矩阵，然后利用 DEMATEL 方法确定各网络节点信息之间的相互影响及各个网络节点信息对重要度的影响，再最终确定各网络节点信息对决策的综合重要度。

（3）灰色绝对关联分析（GAC）

GAC 主要应用于对智能制造环境下混流生产的 SCLI 流程的稳定性进行评价。根据 SCLI 流程中某个节点的特征属性数据序列，基于灰色绝对关联理论，确定排序数据序列曲线之间的相似程度，进而计算排序数据序列之间的灰置信水平，然后确定 SCLI 流程的稳定性。

（4）统计过程控制（SPC）与信息熵

该方法主要应用于从 JIT 视角对 SCLI 协同质量的评价。采用 SPC 方法对供应链供应物料的实际数量与理论需求数量之比（供应数量准确率）和实际供应时间与理论需求时间之比（供应准时化率）进行分析，确定合理的控制范围，然后采用信息熵方法确定数量和时间的权重，进而确定综合的控制范围，超出控制范围的供应链存在 SCLI 协同质量问题，相反则不存在，从而实现 SCLI 协同质量的评价。

第 2 章　智能制造环境下混流生产特征及 SCLI 协同需求分析

智能制造作为世界制造业发展的一大趋势和重要方向，将对社会生产结构、生产方式产生重大影响。智能制造要求供应链物流提供精准服务，智能制造环境下混流生产的 SCLI 协同是实现这一目标的重要支撑。本章着重分析智能制造环境下混流生产特征及 SCLI 协同需求，构思智能制造环境下混流生产的 SCLI 协同机制框架。

2.1　智能制造环境下混流生产的特征分析

2.1.1　智能制造概述

制造业是国民经济的基础，是立国之本、兴国之器、强国之基。近些年来，各国纷纷推出以“智能制造”为主题的国家发展战略，使得智能制造受到工业发达国家的关注越来越多，是世界制造业发展的一大趋势和重要方向[101]。

智能制造是一个不断演进发展的大概念。1989 年 Kusiak 首次明确提出了“智能制造系统”一词[102]。此后，随着智能制造被越来越多的国家作为重要发展战略，各国都根据实际情况对智能制造进行了定义。在我国具有较强代表性的定义是由中国工程院周济院士等提出的：“智能制造是先进信息技术与先进制造技术的深度融合，贯穿于产品设计、制造、服务和回收的全生命周期，旨在不断提升企业的产品质量、效益、服务水平，减少资源消耗，推动制造业创新、绿色、协调、开放、共享发展[2]”。在智能制造中，智能产品是主体，智能生产是主线，以智能服务为中心的产业模式变革是主题[1]。智能制造将驱动制造系统向敏捷响应、高质高效、个性定制、绿色健康、舒适人性的方向发展[101]。新一代智能制造是数字化、网络化、智能化制造，是新一代人工智能技术与先进制造技术的深度融合[2]。

一方面智能制造的内涵和特征非常丰富且仍在发展过程之中，另一方面各个国家对智能制造的理解并不一致，造成不同国家的智能制造特征也呈现多样性。主要国家和地区具有代表性的智能制造特征如表 2-1 所示。

表 2-1　智能制造特征

国家	美国	欧洲	中国
特征	新能源革命 新材料革命 新农业革命 新信息技术革命 制造业"数字化"革命	智能工厂 智能生产 智能物流	重视工业基础，拓宽知识口径 结合数字网络，提升智能效率 节约产业资源，保护生态环境 培养优势产业，高端装备创新

2.1.2　混流生产的内涵

与历次工业革命相比，数字化、网络化、智能化制造的智能制造能够实现整体社会生产力的跃升，对社会生产结构、生产方式产生重大影响，甚至改变人们的生活方式和思维模式[2]。在智能制造环境下，市场需求呈现多样化、个性化特征，为适应这一变化，制造型企业的生产模式逐渐从传统的大批量生产向多品种小批量生产转型。在此背景下，混流生产成为实现这一转型的重要途径[4]。

混流生产是指在一段有限的时间内企业的同一条流水线上生产多种相近或类似产品的生产方式。混流生产一般是以品种、产量、工时、设备负荷全面均衡为前提，通过合理的安排，将工艺流程及作业操作方法基本相同或较为相似的多种产品编排在同一条流水装配线上，实现按一定节拍和比例混合流水生产。混流生产与批量生产的原理对比如图 2-1 所示。

从图 2-1 可以看出，一方面，批量生产在单位时间内，只生产单一产品，虽然在一定程度上减少了产品切换的次数，但由于产品种类少，很难满足当前市场需求的多样化、个性化。从长远来看，由于批量生产容易使特定产品的产量大于市场需求导致过量生产，形成库存，造成不必要的浪费；另

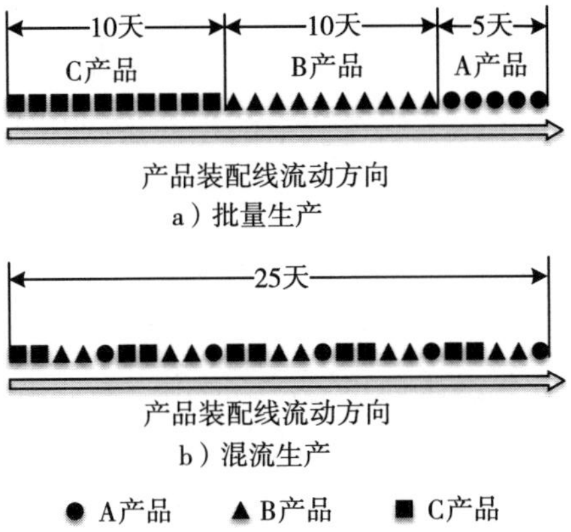

图 2-1　混流生产基本原理

一方面，由于仍然是多品种生产，为满足生产需要，必然会造成原材料（零部件）库存、多种技能工人等方面的浪费。相较于批量生产，混流生产每个时间段内都生产多种产品，每一种产品生产的数量不多，但能够快速满足市场对每一种产品的需求。但混流生产也存在一些问题，例如：混流生产使物料（零部件）供应呈现多频次小批量配送，使物料供应变得更为复杂，而且存在生产线频繁切换产品的问题，需要想方设法降低产品切换过程的复杂程度、减少切换的时间。混流生产是当前农机、汽车、发动机、家具、家电等装配制造企业为了适应市场需求变化趋势普遍采用的先进生产方式之一[39]。

2.1.3　混流生产的特征

以典型的农机装备制造企业——某公司为例，该企业的主导产品是大型轮式拖拉机，由于客户分布广、需求差异大，为满足客户需求，企业往往根据客户特点定制机型，导致机型数量多，目前共有 8 000 多种机型，其中常见机型约 2 000 种。另外农业生产具有很强的季节性，造成农机装备的市场需求随季节变化而变化且变化幅度大。为了适应农机装备的这种市场需求，该公司采用了混流生产方式装配产品，期望在满足客户的个性化、多样化需求的同时，能够降低生产中的浪费，降低生产成本，提高企业市场竞争力和经济效益。

当前，很多企业都在着手进行传统制造向智能制造的转型。该公司抓住历史机遇，建立了智能生产车间，力图使公司成功向智能制造转型。在智能制造环境下，农机装备制造型企业仍然要采用混流生产去适应快速多变的市场需求。智能制造改变了传统制造业中的生产方式、人机关系和商业模式，对农机装备制造企业混流生产也产生很大影响，使其具有了一些新的特点：

（1）多品种小批量按序生产

在全社会实施智能制造的大环境下，客户可选择的供应商多，导致市场竞争激烈，市场需求变化迅速且频繁，同时由于农业生产的紧迫性导致客户对时间敏感。农机装备的特性和顾客的多样化、个性化需求，使得农机装备产品种类繁多，在一段有限的时间内，单一产品的需求少，而且为满足用户交货期的要求，农机装备制造企业要对产品排序并按序生产，使多品种小批量按序生产呈现常态化。

（2）零部件供应更加复杂，对供应链物流要求更高

基于精益生产思想，智能制造环境下的混流生产要求精准配送各种物料，不但要求供应链在配送物料时既不能出现物料错误或质量问题，而且要求物流在适当的时间配送适当数量的物料到适当的地点。这对供应链上节点企业之间的物流协同和企业内部的物流协同都提出了更高的要求，需要供应链物流协同运作，实现所需物料的精准配送。

（3）生产顺序计划变动频繁

在智能制造环境下智能设备和智能决策应用广泛。智能设备可能会出现诸如设备故障、加工质量问题等意外情况，使得混流生产环境不断变化。智能决策使生产计划能智能适应生产环境的变化以及加急订单或型号的紧急变更，当生产计划频繁发生变动时，能保证生产按照计划进度执行。

（4）生产过程可控且可追溯

智能制造环境下混流生产过程复杂多变，但农机装备制造企业必须要对其生产过程进行全面控制，不但要控制其生产顺序，还要控制成本、质量等。除此之外，随着顾客对质量要求的不断提升和国家对环保、质量要求的加强，农机装备制造企业对混流生产的生产过程也提出了更高的要求——全过程可追溯。

（5）各种信息繁多，管理难度加大

智能制造环境中，工业互联网的广泛应用使得信息呈现爆炸性剧增，这

些信息为决策提供了极具价值的决策依据，但同时也给准确决策造成了困扰，因为决策真正用到的重要信息被淹没在海量的次要信息中，这些次要数据对决策形成了噪声干扰，使准确、有效的决策难度增大，管理难度加大。

2.2　智能制造环境下混流生产的 SCLI 内涵

2.2.1　供应链物流运作模式

供应链是围绕核心企业，通过对信息流、物流、资金流的控制，从采购原材料开始，制成中间产品以及最终产品，最后由销售网络把产品送到消费者手中的将供应商、制造商、分销商、零售商，直到最终用户连成一个整体的功能网络结构。传统供应链结构如图 2-2 所示。

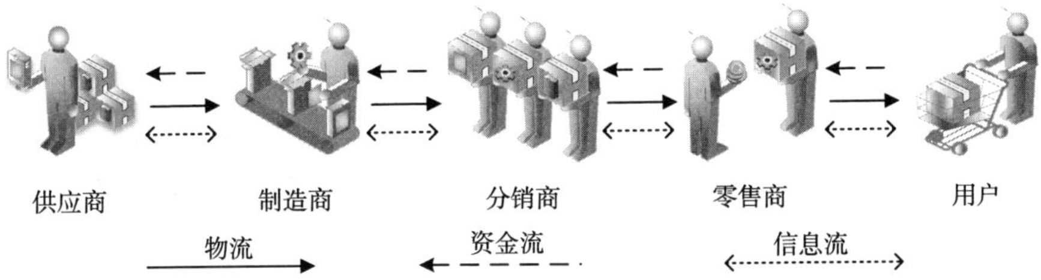

图 2-2　传统供应链结构

在现代全球市场竞争日趋激烈、不确定性不断增加、技术发展日益迅猛的环境下，企业意识到很难完全依靠自身在新的市场环境中获得竞争优势，企业必须扩大合作与协同，共同生产，分担风险，增加利润，必须与其供应链上的各个合作企业协同合作才能实现企业目标，因此企业与企业之间的竞争已经转化为供应链与供应链之间的竞争[5]。供应链系统是一个复杂的系统，包括物流、资金流和信息流等相互关联的结构[50]，与营销、计划、采购、运输、仓储、配送、生产等多个环节相关。

传统供应链地域化特征明显，然而随着计算机网络信息技术的快速迅猛发展和其在供应链上各个领域的广泛应用，供应链可以借助于现代信息技术将供应链网络上分散于各地的合作企业的各相关流程高效地集成在一起，实现多流程协同工作，从而使供应链整体的利益最大化。制造型企业通过对其供应链进行重塑来实现其供应链系统的优化[103]。

供应链物流是对供应链上所有物流活动的总称，贯穿供应链的整个流程[9]，不但包含供应链上各个节点企业的内部物流，也包含供应链各节点企业之间的物流活动。对于制造企业来说，其物流活动就像人体血脉一样，覆盖产品从设计到生产再到销售以及售后的全部过程。供应链物流决策被涵盖于整体供应链的决策中，其活动为供应链中各个流程的价值实现提供了重要支持，对提升供应链的整体服务质量水平至关重要，供应链物流的运作水平在某种意义上决定了供应链的市场竞争能力。供应链物流结构如图 2 - 3 所示。

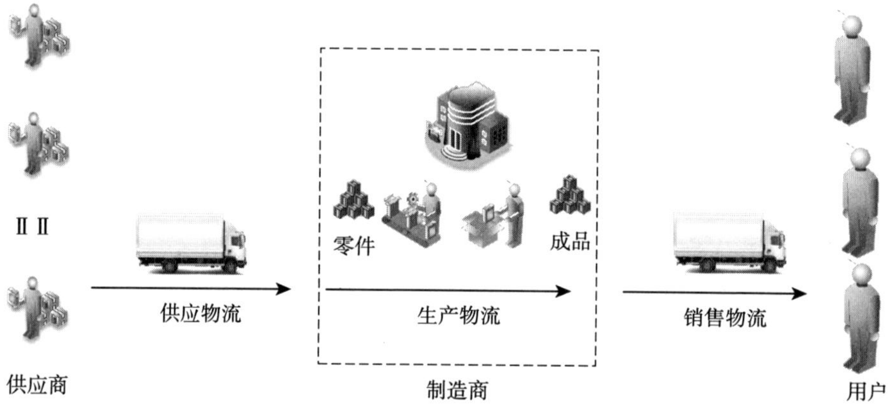

图 2 - 3　供应链物流结构

对制造型企业来说，供应物流和销售物流都是企业外部物流，只有生产物流属于企业内部物流，因此，单个企业很难完成供应链物流的全部流程，而是要整合供应链网络上的所有企业甚至是社会物流企业资源（比如第三方物流）来协同完成全部物流过程。因此，供应链物流强调供应链的成员组织不再孤立地优化自身的物流活动，而是通过协作、协调与协同，提高供应链物流的整体效率[10]。对供应链物流的管理要从具体的供应链出发，从全局角度来对物流进行统一管控。

相较于企业物流，供应链物流的特点包括全局性、动态性、复杂性、相互影响性等[9]。智能制造环境下农机装备制造企业混流生产的供应链物流运作模式如图 2 - 4 所示[39]。供应链物流是以物流活动为核心，协调供应领域的生产和进货计划、销售领域的客户服务和订货处理业务，以及财务领域的库存控制等活动，涉及供应商、制造商、客户乃至第三方服务供应商（第三方物流）、中间商（分销商、零售商）等。结合智能制造环境下农机装备制造企业混流生产特征，智能制造环境下农机装备制造企业混流生产的供应链物流存在以下难点：

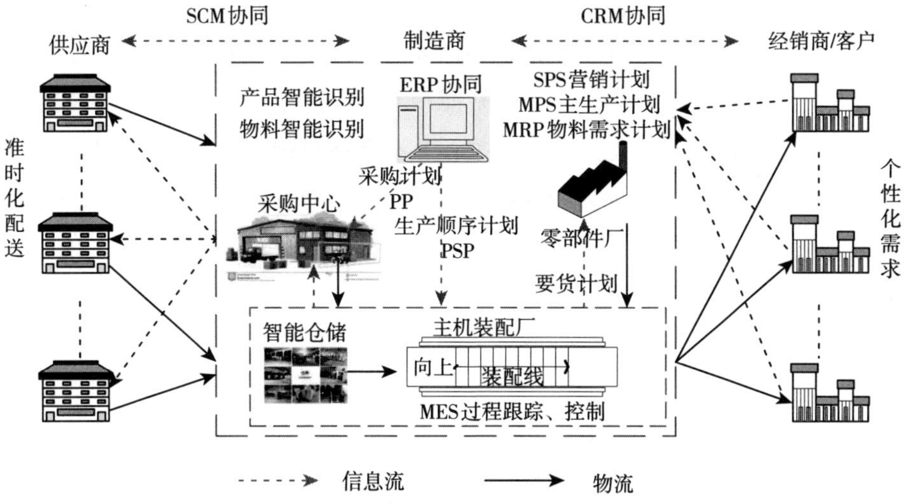

图 2-4　智能制造环境下农机装备制造企业混流生产的供应链物流运作模式

（1）供应链的复杂程度高，涉及的供应商多，但供应商管理水平差别大，而且部分供应商之间存在竞争关系，协同难度大。

（2）某些部件供应链上节点企业多，供应链长且复杂，使信息传递路线长，决策节点多，信息流程时间长，信息延迟时间变长，导致提前期长。

（3）多品种小批量（甚至单件）混流生产致使零部件种类繁多，同种零部件相似度高，不易识别。在传统操作环境下，依靠工人经验识别，容易造成配送和装配错误，导致生产线停工待料和出现不合格品。

（4）供应链物流配送难度大，一方面，多家供应商准时将物料配送至制造企业时可能造成拥堵问题，另一方面，装配现场物料配送批量小频次增加，对合理安排配送到达时间及制造企业物流资源调度带来极大挑战。

（5）生产环境变化快以及生产顺序计划的频繁变动导致物料配送也需要随之而变，对供应商准时供应和装配车间现场准时配送提出了更高的要求。

（6）物流信息来源广泛、结构差异大，质量差异大、覆盖范围广，海量多源异构信息对供应链物流准确决策造成了极大困扰。

2.2.2 SCLI的内涵

物流信息的定义存在着广义和狭义之分。狭义的物流信息主要是指物流活动进行过程中所必需的信息。这些信息一般产生于诸如仓储、运输等物流活动的过程中或被物流活动所使用，是在社会经济活动中反映物流各种活动内容的资料、图像、文件、数据、知识等的总称。广义的物流信息除包括直接与物流活动相关的信息外，也包括间接与物流活动相关的信息。例如生产情况信息，虽然其只与生产活动有关，并不直接与物流活动相关，但生产活动需要物流活动支持，也会影响到配送、仓储等物流活动，与物流活动间接相关，属于广义的物流信息。下文所述的物流信息主要指的是广义的物流信息。

供应链物流系统是一个构成复杂的系统，由供应链所有合作伙伴的物流相关子系统相互连接而构成，涉及原材料、零件、部件、半成品、成品在各节点企业及其生产过程的各环节间的流动。在供应链物流系统实践中，实体流转以及其他信息的载体，即为SCLI，它是连结供应链上各物流环节的具体载体，包含配送、订单处理、存货管理等。由于供应链包含的主体可以分为多类（如供应商），每类主体的物流又涉及多个业务流程，每一个业务流程又有多个物流环节，每个环节都在不断产生和集聚着结构复杂、数量惊人的SCLI数据[73]，合理组织这些物流活动必须以大量、精确、及时的物流信息为基础。根据广义的物流信息定义，物流信息是把各种物流活动连接在一起的枢纽，常被称为现代物流活动的中枢神经，是物流增值过程的重要使能要素[104]，对物流活动的效率以及效益具有决定性意义，供应链物流必须对其物流信息加以足够的重视。

在智能制造环境下农机装备制造企业混流生产的供应链中，物流信息流程如图2-5所示。供应商和制造商内部都存在着各种信息系统，与物流相关的管理信息系统包括企业资源计划（Enterprise Resource Planning，ERP）、顾客管理系统（Customer Relationship Management，CRM）、采购管理系统（Purchasing Management System，PMS）、仓库管理系统（Warehouse Management System，WMS）、物流管理系统（Logistics Management System，LMS）、制造执行系统（Manufacturing Execution System，MES）、供应商关系管理系统（Supplier Relationship Management System，SRM）等，涵盖了收集、处理、分发和使用数据的组织过程、程序和角色。大多数情况下，这些系统是在不同时期逐步完成的，不同的软件由不同的软件公司开发，应用的软件开发平台、数据库软件、软件架构、数据结构等不一致，系统与系统之间主要通过接口定时传输与共享相关数据。供应商与制造商的系统之间一般不互联互通，供应商作为制造商某个系统（如 SRM、PMS）的用户通过访问系统的方式来获得相应信息，而制造商也可作为供应商某个系统（如 WMS、LMS）的用户通过访问系统的方式来获得信息。

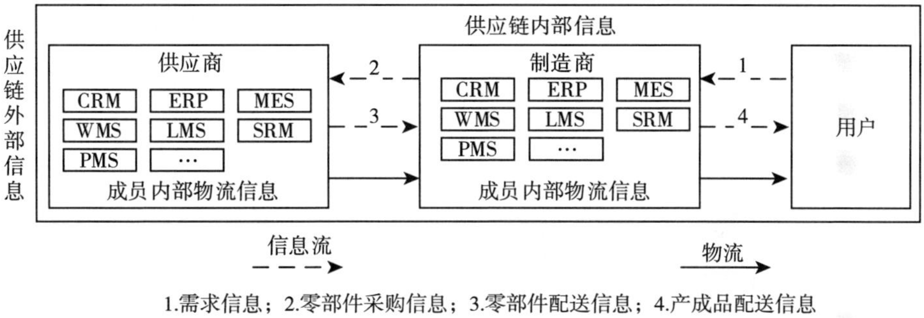

图 2－5　SCLI 流程

传统环境下，SCLI 的表达、解释过程与文献[23]中描述的信息表达、解释过程相似，信息主要通过人这一认知主体来获取，通常情况下通过自身直接感知、通过另一主体获取和通过学习获取知识信息三种方式来获取信息[23]。但在智能制造环境下，供应链物流系统除了传统物流元素外，各种自动识别装置、智能装备、智能产线及人工智能技术的大量应用，使 SCLI 的表达、解释过程发生了很大变化，典型的情况如图 2－6 所示。

在 T1 时刻，物料 M 的状态 S1 被信息自动采集设备 DP1 感知并通过表达传递方式 PE1 将感知到的信息按 MIS1 要求的表达符号和方式表达为信息 I1 并存储于相应数据库中。在 T2 时刻，物料 M 的状态 S2 通过人这一认知主体感知并通过表达传递方式 PE2 将感知到的信息按 MIS2 要求的表达符号和方式表达为信息 I2 并存储于相应数据库中，同样，T3 时刻物料 M 的状态 S3 通过智能装备感知并通过表达传递方式 PE3 将感知到的信息按 MIS3 要求的表达符号和方式表达为信息 I3 并存储于相应数据库中。MIS1、

MIS2、MIS3通过信息接口技术相互交换与共享数据，位于不同企业的物流工作人员P1、P2、P3从本企业信息系统中获得物流M的三种状态，并通过相应管理信息系统对智能装备、物流工作人员等发出工作指令，应用智能技术的系统也可以根据相关数据自动向智能设备、物流工作人员等发出工作指令。

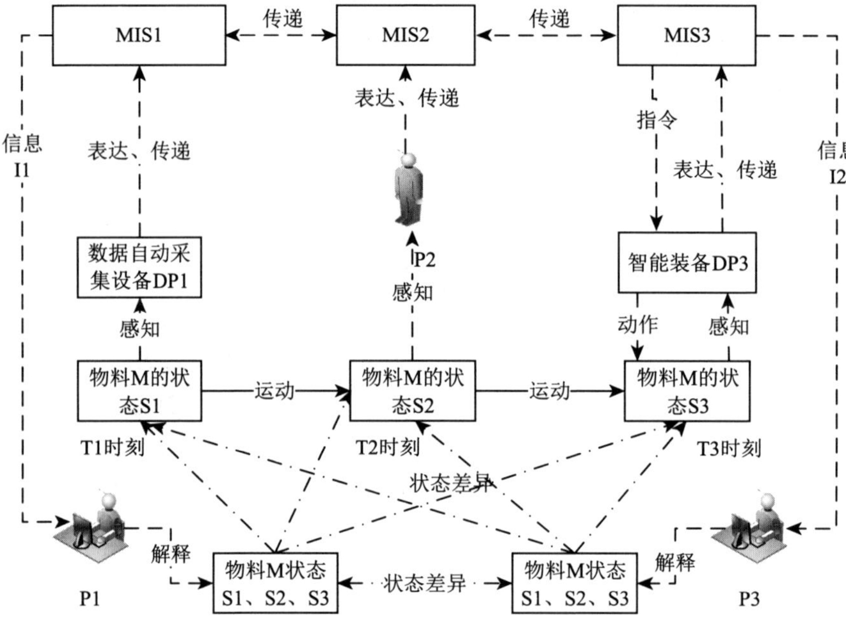

图2-6　智能制造环境下信息表达及解释

在上述过程中，要使相关工作人员和系统能够清楚表达以及准确理解物料M的各种状态，并能够实现人-信息-物理系统之间的交互，做出正确的物流决策，实现供应链物流的精准服务，则信息必须包含物流的各种流动要素，即：流体、载体、流向、流量、流程、流速、流效等，同时，该信息还应当包含时间、空间、识别类型、表达方式等形式信息。因此，结合物流流动要素和形式要素从物流信息要素方面可以将SCLI定义为：

$$
\begin{aligned}
Def_{scli} &= Inc(\text{物流流动要素,形式信息要素}) \\
&= Inc(\text{流体,载体,流向,流量,流程,流速,流效,时间,空间,类型,方式}) \\
&= Inc(x_1, x_2, x_3, x_4, x_5, x_6, x_7, x_8, x_9, x_{10}, x_{11})
\end{aligned}
$$

其中，流体是指具体事物，包含其固有特征；载体是指事物的承载工具；流向指事物的流动方向，包括起点和终点；流量指事物的具体数量；流程指物流起点至终点的里程；流速指物流流动的速度；流效指物流的效率和效益；时间指物流的相关时间，包括计划时间、实际时间等，空间指物流信息采集的空间信息；类型指信息采集方式，如人工录入；方式指表达信息所采用的编码规则、要求等。

2.2.3　SCLI 特征

智能制造环境下混流生产的 SCLI 具有如下特征：

（1）分布式

随着全球化进程的不断深入和计算机网络信息技术的广泛应用，跨地域全球化供应链成为常态化，这使得供应链物流相关活动分散于地理位置上不同的多个地点，因此，物流信息也产生于多个地点，来源覆盖的地域范围广，使物流信息在地理位置上呈现分布式特征，对物流信息的准确采集、传输、存储、利用带来更大的挑战。

（2）时效性

物流信息是与物流活动相关的信息，市场需求的动态多变及供应链物流活动具有动态性决定了物流信息的动态性，物流信息会随着供应链物流活动的动态改变而不断发生变化。如果在特定的时间范围内，供应链不能获得需要的物流信息或者没有对物流信息进行及时处理，超过特定的时间节点后，物流信息就会发生变化，丧失其固有的价值，供应链也会错失一些机会，因此物流信息具有时效性，要求对信息及其处理要非常及时。

（3）价值性

在信息化时代，信息成为一种价值极高的资源，因此，物流信息也是一种资源，具有价值性。事实上，很多研究已经证明，供应链物流可以利用物流信息提高效率，降低成本，从而获取一定的收益。需要注意的是，由于不同的物流信息对供应链物流活动的支持作用不同，所以不同的物流信息其价值具有很大差异，而且，相同物流信息其价值对于不同的供应链也可能有天壤之别。

（4）复杂性

供应链是由各个节点企业相互合作形成的，各节点企业情况千差万别，使供应链本身具有复杂性，而且，供应链物流活动地域分布广且相互交叉，生产与物流设备各不相同，物流信息采集方法差异大，信息数据结构繁杂，物流信息网络结构复杂，流程交错往复，使得物流信息具有很高的复杂性。

（5）海量性

物流信息不但包含静态信息，也包含动态信息，即使是同一物体，当时空状态发生变化时，也会不断产生物流信息，随着各种先进的数据采集技术的广泛应用，各种物流信息数量激增，在供应链物流运作中，涉及的产品（零部件）种类多、数量多且产品（零部件）之间关系复杂，涉及的物流活动多、流程复杂且可能有交叉，种种原因使得物流信息数量多，呈现海量信息特征。正确利用这些海量信息做出正确的物流决策成为一件棘手的问题。

2.3 智能制造环境下混流生产的SCLI协同需求分析

2.3.1 信息协同的含义

2.3.1.1 协同理论概述

“协同”是一个来自古希腊语的古老概念，我国也在很早就提出过，例如《说文解字》中提到“协，众之同和也。同，合会也”。在汉语中，协同是指协调两个或者两个以上的不同资源或者个体，协同一致地完成某一目标的过程或能力。而在英文中，Collaboration、Cooperation、Coordination、Synergy等均有协同之意，它们的不同之处在于，Coordination强调“协调”，Cooperation强调“合作”，Synergy强调协同的效应，相对而言，Collaboration更接近于汉语的协同。协同需要多个资源或个体，有效的协同能够获得协同效应，其结果往往要大于所有参与协同的单个资源或个体贡献的简单加和，实现所谓的“1＋1＞2”。

德国学者哈肯在1976年提出的协同理论（也称为协同学）主要研究远离平衡态的开发系统在与外界有物质或能量交换的情况下，如何通过自己内部协同作用，自发地出现时间、空间和功能上的有序结构，描述各种系统和现象中从无序到有序转变的共同规律[105]。协同理论的基本原理包括不稳定性原理、支配原理和序参量原理等，其中，不稳定性原理指新结构就意味着不稳定性，而当不稳定性出现时，就需要创建有利于稳定的新结构；支配原理指在系统演化进程中，慢变量起到支配作用；序参量原理是指序参量是系统自组织地产生且产生后就立即获得支配地位。

协同理论认为，通过协同，组织集成并不是组织要素的简单数量相加，而是通过人的主动集成行为，使组织系统的各要素之间以及各子系统之间能够协同地工作，从而使组织要素彼此耦合，赢得全新的整体放大效应[13]，也即实现协同效应。

2.3.1.2　信息协同过程

协同理论在被用于自然科学问题并获得成功之后，逐渐被用于其他学科，而信息协同就是其在信息科学中的一个典型应用。信息协同是指以信息为对象，多个信息源在规定的时间和空间内，按照统一的规则实现信息的有序流转。信息协同流程如图 2-7 所示。为了实现某种特定目的，信息需求方通过信息传递方式向信息提供方提出某种信息（I*n*）的协同需求，即向信息提供方提出在特定的时间（T*n*）和空间（S*n*）交付该信息，信息提供方则按照这些要求通过信息传递方式向信息需求方提供这些信息，信息需求方在获取需求的信息后即完成了信息协同。信息需求方在获取这些信息后可以对信息进行处理、利用，进而获得协同效应实现特定目的。信息协同是信息时代的重要概念，无论对于国家、组织还是个人，良好的信息协同都极为重要[13]。信息协同过程涉及 4 个要素，即：

（1）参与信息协同的主体，包括信息提供方和信息需求方，信息提供方即信息源，是提供信息的组织或个人，信息需求方是获得信息的组织或个人。

（2）信息协同的客体，即用于协同的信息。

（3）时间，即信息交付的具体时间。

（4）空间，即信息交付的具体空间，包括形式、网络位置等。

信息协同的表现形式是信息协同行为。信息协同行为起始于信息协同需求的产生，结束于信息需求的满足。一方面，一个企业可以对其他企业的信息协同需求做出协同行为，也可以拒绝，这取决于企业的信息协同策略。另一方面，一个企业可以对其他企业提出协同需求但是否能够实现信息协同取决于其他企业的协同策略。作为科技信息领域的研究热点，信息协同正在被越来越多的研究者所重视。

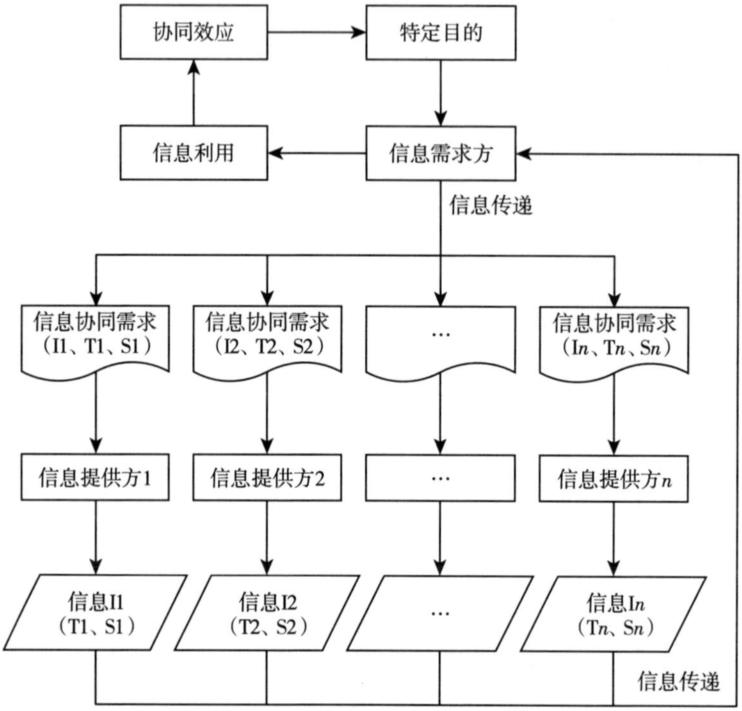

图 2-7　信息协同过程

2.3.2　SCLI 协同内涵与动因

2.3.2.1　SCLI 协同的内涵

物流作为供应链的重要组成部分，物流活动贯穿整个供应链，供应链物流活动依靠供应链节点企业及其物流活动共同完成，这些物流活动的高效、有序、顺利完成对提高供应链竞争力至关重要，供应链物流协同应运而生。供应链物流协同是为了提高供应链物流对市场需求和生产的快速响应能力，以物流精益化为目标，供应链上的节点企业之间进行有效的配合和协同。物流协同的有效性得到了多种形式的证明，并在许多方面得到了积极的应用。物流信息是物流协同的中枢神经，因此，要想实现供应链物流协同，必须实现对 SCLI 的有效管理。根据协同理论，信息协同可以提高信息效用，实现“1+1>2”的协同效应，因此，现代物流强调的是信息协同，因为信息协同提供了详细的数据来解释为什么供应链将分散的物流整合为一个整体及他们是如何协同的[106]。物流信息协同管理有利于降低配送成本，并改善供应链响应速度和提升整体效益[107]。

SCLI 协同是供应链信息协同的重要组成部分，也是供应链物流协同的重要基础。供应链信息协同是指借助先进的信息技术，在合作伙伴之间共享和交换运营数据、市场数据和其他信息，对资源、业务流程和组织关系进行整合、协调和开发，以更快地响应最终客户的需求[5]。SCLI 协同指与供应链物流活动相关的所有信息的协同，其目的是使供应链上与物流信息相关的信息在规定的时间和空间内，按照统一的规则实现物流信息的有序流转，使供应链能够做出及时准确的物流活动决策。通过 SCLI 协同，可以实现物流信息在供应链上高效、准确、有序流动，为物流决策提供适量、适时信息，降低决策的复杂度，提高决策效率，有效利用供应链上各类物流资源，实现物流资源与物流任务的最佳匹配，高质量地实现供应链物流协同，以低成本高效率实现供应链物流目标，实现供应链对市场需求的快速响应，提高供应链市场竞争力，也为供应链节点企业带来更多利润。

在 SCLI 协同存在着横向物流信息协同和纵向物流信息协同之分。横向物流信息协同是指供应链上处于相同环节的节点企业之间的物流信息协同，其通过同一环节的不同企业的物流信息协同体系实现横向信息协同，提高配送效率和资源利用率，降低仓储、运输、配送等方面的成本，提高准时化配送率，实现多方共赢，获取最大的效益。而纵向物流信息协同是指供应链上下游节点企业之间的物流信息协同，其通过上下游企业之间物流信息协同体系的纵向信息协同，实现上下游企业之间的物流协同，各项业务无缝衔接，提高整体物流系统的运作效率。以下研究的 SCLI 协同着重指纵向物流信息协同。

2.3.2.2　SCLI 协同的动因

智能制造环境下混流生产的实施需要对整个供应链的所有物流进行协同，要实现这个目标，必须要有 SCLI 协同提供信息支持。

（1）供应链物流协同的需求

在智能制造环境下，供应链物流的目标是实现产品的精准交付，混流生产使供应链物流变得更加复杂，使这一目标的实现变得更加困难。物流信息被认为是现代物流的神经中枢，其对物流具有极其重要的作用，决定着物流的效率和效益，SCLI 协同可以使供应链以最小的信息成本实现供应链物流协同，达到供应链上多主体、多环节物流活动的有机整合，实现物流活动的无缝衔接，最大程度上保证供应链物流协同，满足智能制造对供应链物流提出的精准服务的需求。

（2）供应链物流配送效率提高的需求

由于智能制造环境下混流生产的复杂性，使得供应链物流实现精准服务存在诸多难点。通过智能制造环境下混流生产的 SCLI 协同，可以向物流节点及时、准确地提供其所需的信息，使这些物流节点能够根据配送需求、道路条件、客户位置、客户物流资源等信息对物料配送进行优化，实现物料的精准动态配送，并根据配送信息对整个过程进行智能化、动态化管理，提高配送效率。

（3）供应链物流资源优化利用的需求

相较于物流服务需求，供应链上的物流资源（如装卸、搬运设备等）总是显得不足。造成这一问题的主要原因是在不同时点物流强度分布不均，在物流强度较大时，物流资源分散使用，导致物流资源不足的假象。通过智能制造环境下混流生产的 SCLI 协同，可以使物流节点能够实时掌握物料配送的动态信息，并根据这些动态信息对供应链物流资源进行合理调配，实现物流资源的优化利用，提高物流资源的利用率。

（4）供应链物流活动精准化的需求

供应链物流活动决策需要相关信息的支持，智能制造环境下，数字化、网络化的环境使得供应链可以方便地获得物流的相关信息，但这些信息存在着复杂性、海量性等特点，而且混流生产使得供应链物流精准配送难度大，使得供应链物流活动准确决策的难度增加，SCLI 协同能够根据决策需求，及时、准确、适量地提供相应信息，使决策者能够较为容易地做出最优的物流活动决策，有利于实现供应链物流活动的精准化。

2.3.3 SCLI 协同需求

在智能制造环境下，供应链仍然是由多个独立自主的企业为了满足某个市场机会而形成的一个动态联盟。同时在智能制造环境下，SCLI 基础设施建设得到了长足的发展，云计算、物联网、移动互联网等信息技术和网络技术广泛应用于供应链物流的各个环节，使得物流信息采集手段多种多样，混流生产所需的物料品种多，造成 SCLI 来源广泛、数量庞大、结构多样（不仅包括结构化数据，也包括非结构化和半结构化数据，既包括静态数据，也包括动态数据[108]），使得实现 SCLI 协同变得非常复杂。

智能制造环境下混流生产的供应链需要实现物流合作伙伴全面参与物流信息协同，在信息网络上实现相关重要节点提供关键信息，在流程上实现信息的及时稳定传递，在应用时获得高质量的信息，才能最终实现整个 SCLI 的高质量协同。然而，这一目标的实现不是随着完善的物流信息基础设施建成而自然形成，它需要从以下几方面进行深入研究：

（1）供应链合作伙伴的 SCLI 协同

在组织上实现供应链合作伙伴的 SCLI 协同。在智能制造环境下，供应链仍然是由多个独立自主的企业为了满足某个市场机会而形成的一个动态联盟，这些供应链合作伙伴往往从自身经验和利益出发去考虑问题，不可避免地出现投机行为，从而损害供应链的整体利益，因此，要实现 SCLI 协同，必须使供应链合作伙伴采用 SCLI 协同策略。

（2）SCLI 协同网络结构的优化

在网络上实现协同网络结构的优化。在智能制造环境下混流生产的供应链上，各种物流基础设施完备，遍布整个供应链的各种信息节点组成了一个庞大的供应链物流信息网络，在这个网络上，无时无刻不在产生着各种各样的物流信息，这些信息对供应链物流决策起到了很好的支持作用，但不是所有的供应链物流决策都要用到这些海量的信息，对一个物流决策非常重要的信息对另一个决策来说可能是噪声信息，会对正确决策形成干扰。因此必须根据供应链物流决策的需要对 SCLI 协同网络进行优化。

（3）SCLI 协同流程优化

在业务层实现协同流程优化。在智能制造环境下，实现了物理网络的互联互通，在供应链合作伙伴做出参与供应链物流信息协同的决策后，供应链物流信息网络上的特定节点获取所需的物流信息变得更加容易，由于信息在网络中传递的速度很快，在畅通无阻的情况下，从信息发出到收到这些信息所耗费的时间几乎可以忽略不计，但由于物流信息经过的流程中存在决策滞后、操作延误等原因，易导致信息获取时间存在不确定性。由于物流信息存在时效性特征，为保证准时获取相应的物流信息，实现物流信息协同，必须要对 SCLI 协同流程进行优化。

（4）SCLI 协同质量的科学评价

在应用层实现对 SCLI 协同质量的科学评价。SCLI 协同质量的科学评价可以为 SCLI 协同的优化提供重要参考。很显然，SCLI 协同质量是不以人的主观意志为转移的，但传统的质量评价模型中，往往含有主观性评价指标，使评价结果因人而异，很难为 SCLI 协同优化提供有价值的参考。因此，需要研究更为科学地供 SCLI 协同质量评价的方法。

2.4 智能制造环境下混流生产的 SCLI 协同机制框架构建

根据协同学理论，协同机制指可以使系统形成有序合作的内驱力[109]。智能制造环境下混流生产的 SCLI 协同机制是指形成供应链上的物流信息自发地出现时间、空间和功能上有序协作的内驱力，它以供应链上的合作伙伴协同、优化的信息网络和信息流程、高质量的物流信息应用为基础，以实现智能制造环境下混流生产对供应链物流提出的精准服务需求为最终目标。为保证这一目标的实现，结合前文所述，本研究构造智能制造环境下混流生产的 SCLI 协同机制框架如图 2－8 所示。该机制包括组织层、网络层、业务层、应用层等四个层面，每层要素有机组合形成一个子系统，其要素有其特定的机制，各层之间及其各要素之间也以各种形式相互联系，通过要素之间的有序协作，实现 SCLI 协同，进而使供应链物流获得协同效应。

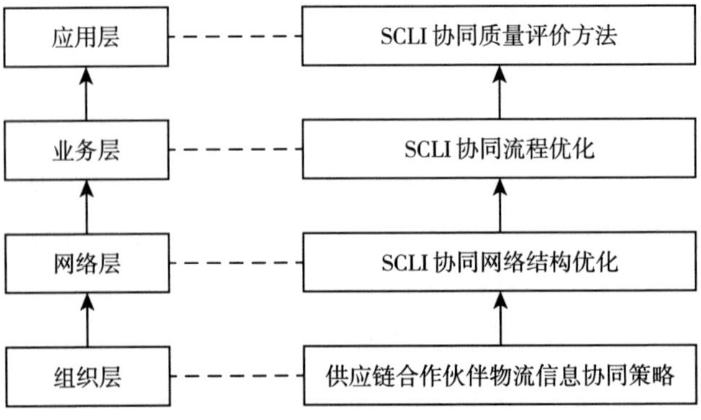

图 2－8　SCLI 协同机制框架

2.4.1　组织层的供应链合作伙伴间物流信息协同策略

供应链合作伙伴关系是 SCLI 协同的组织基础问题。在智能制造环境下，单个供应链节点企业仍然是一个独立的组织，对其所拥有的物流信息基础设施、信息网络以及信息具有所有权和使用权，对是否参与信息决策具有决策权。SCLI 协同是对供应链上物流信息的协同，要求节点企业及时将合适的物流信息提供给需要的节点，根据信息需求情况对基础设施、网络等进行投入，并由此获得适当的收益。稳定的供应链合作伙伴关系有利于 SCLI 协同，但这种关系不是天然的，而是需要供应链合作伙伴都参与物流信息协同才能实现。

供应链合作伙伴间物流信息协同策略是对智能制造环境下混流生产的供应链合作伙伴之间的博弈关系进行探索，探明 SCLI 协同演化规律，为供应链合作伙伴愿意根据 SCLI 协同要求、遵守一定规则、做出协同行为提供理论基础。

2.4.2　网络层的 SCLI 协同网络优化

SCLI 网络为 SCLI 协同提供基础信息支撑，现代物流信息网络可以提高信息传播的速度以及传播范围，提高信息的使用效率[110]。在智能制造环境下，SCLI 网络触角已经延伸到供应链物流的各个环节，并和各种物流活动相互交织。物流信息存在于整个物流过程中，通过物流基础设施采集后，由 SCLI 网络进行收集、传输、存储等，所以，尽管 SCLI 网络具有动态变化的特性，但无论其如何变化，供应链都需要及时获取到必需的物流信息，才能够依据这些信息做出正确的物流活动决策。SCLI 协同网络结构是智能制造环境下混流生产的 SCLI 协同的网络保证，是从供应链整体物流活动决策入手，对 SCLI 网络的分布、利用等方面进行优化，达到降低信息成本和决策复杂度的目的。

2.4.3　业务层的 SCLI 协同流程优化

信息在各种相互关联的业务中流动与传递，形成信息流程。SCLI 流程是物流信息聚合与处理的过程，对物流信息有效流转具有重要作用[111]。

SCLI 流程是物流相关业务开展过程中各种物流信息流转的过程，供应链上的节点企业往往从自身利益出发，希望获取更多的信息而提供更少的信息，这会导致信息流程出现断点或延迟，使 SCLI 协同出现问题。简洁高效的信息流程不但可以缩短供应链物流决策的时间，提高信息协同的效率，而且可以降低 SCLI 协同的难度。SCLI 协同流程优化是智能制造环境下混流生产的 SCLI 协同的过程保障，从 SCLI 协同需求出发，建立 SCLI 协同流程优化模型，通过优化，实现快速、准确、稳定地为物流信息需求节点提供所需信息。

2.4.4 应用层的 SCLI 协同质量评价方法

在应用层，供应链利用 SCLI 协同流程得到高质量物流信息，做出合理正确的决策，各种物流设施设备根据这些决策准确执行相应的物流活动，实现供应链物流的精准服务。SCLI 协同质量形成于这个过程的每个环节，对其进行科学评价可以为改进应用层 SCLI 协同提供准确的参考依据。传统质量评价方法往往从使用者或协同本身进行评价，忽略了 SCLI 协同目标的实现程度，对实现供应链精准服务的目标没有意义。因此需要对 SCLI 协同质量方法做进一步研究，通过对 SCLI 协同质量的科学评价为应用的 SCLI 协同指明改进的方向。

2.5 本章小结

本章概述了智能制造并分析了智能制造环境下混流生产的特征，阐明了智能制造环境下混流生产的供应链物流的难点，从物流信息要素方面定义了 SCLI，剖析了智能制造环境下混流生产的 SCLI 协同的内涵及协同的动因，解析了实现 SCLI 协同的需求。认为实现 SCLI 协同必须建立相应的机制作为保证，从组织层、网络层、业务层、应用层四个层面构思了智能制造环境下混流生产的 SCLI 协同机制框架，包含供应链合作伙伴间物流信息协同策略、SCLI 协同网络优化、SCLI 协同流程优化和 SCLI 协同质量评价方法等。

第 3 章　基于 EGT 的供应链合作伙伴物流信息协同策略

供应链上的各个节点企业是一个独立的行为主体，有效的 SCLI 协同受制于供应链的节点企业是否选择协同其物流信息，为使供应链合作伙伴全面参与 SCLI 协同，有必要构建供应链合作伙伴间物流信息协同模型，对供应链合作伙伴间形成 SCLI 协同的稳定状态进行探索。大多数研究者只强调信息共享和协同水平、效果和绩效[112]，而较少涉及供应链合作伙伴 SCLI 协同策略。本章主要采用 EGT 构建供应链合作伙伴间物流信息协同模型。

3.1　供应链合作伙伴间物流信息协同问题分析

在智能制造环境下，为满足市场日益多样化、个性化的需求，农机装备制造企业采用混流生产方式制造农机装备。虽然智能制造对农机装备生产带来了很多变化，但其供应链结构变化不大，仍然如图 2－2 所示。在智能制造环境下，计算机信息技术的迅速发展并被广泛应用于制造型企业，为位于农机装备制造企业上游和下游的所有供应链上的节点企业——供应链合作伙伴参与物流信息协同提供了强有力的技术支持，因此，SCLI 协同的主体包括供应链上的所有合作伙伴，既包括供应商（零部件供应商）以及供应商的供应商（原材料供应商），也包括客户（分销商）以及客户的客户（最终用户）。

供应链上合作伙伴都是具有独立法人地位的组织，是具有独立民事权利的经济组织，对其物流信息基础设施、信息网络以及信息具有所有权和使用权，对其是否参与信息决策具有决策权。在智能制造环境下，各供应链合作伙伴经过不断地投资和建设，形成了完备的物流信息基础设施，设备间也可以通过覆盖企业的内部信息网络互联。从整个供应链视角，这些企业好像被封闭在无形的信息围墙内，形成了一个个信息孤岛。尽管它们之间通过共用公共通信网络，存在着物理链路意义上的互联互通，但要实现真正意义上的 SCLI 协同，还需要供应链合作伙伴做出协同 SCLI 的决策。

SCLI 协同是供应链信息协同的重要组成部分，也是供应链物流协同的基础和前提，但 SCLI 协同不是随着供应链的形成而自然形成的，而是供应链合作伙伴基于自身所处的内外部环境采取的协同行为。为促进供应链合作伙伴选择 SCLI 协同，需要建立供应链合作伙伴间物流信息协同模型，探索形成 SCLI 协同的机理。

供应链合作伙伴关系是建立在长期战略合作之上的，其追求的目标是双赢、多赢。供应链通过整合合作伙伴互补的核心竞争力，实现特定的效益或目标。尽管节点企业在供应链上的地位存在一定的差异，如以制造商为核心的供应链中，制造商在整个供应链中占据主导地位，但从组织角度，供应链合作伙伴之间的地位是相互平等的，他们之间的合作是建立在平等基础上的。供应链上的每个企业都是理性的决策者，将会根据自身情况选择对自己较为有利的策略，这实际上形成了合作伙伴之间的博弈。因此，实现供应链合作伙伴间物流信息协同的关键问题是建立相应的 SCLI 协同模型，对供应链协同主体——供应链合作伙伴是否选择物流信息协同的博弈过程进行研究，探明形成 SCLI 协同稳定状态的机理，进而提出促进供应链合作伙伴选择物流信息协同的策略。

3.2 EGT 概述

博弈论是 1928 年由约翰·冯·诺依曼建立起来的一门科学，是研究在错综复杂且相互影响的情况下，个体或组织如何选择最合理策略。根据博弈参与人之间是否有合作，博弈可以分为非合作博弈和合作博弈。非合作博弈强调博弈参与人的理性思维及最优决策，其特征是对参与人不能达成有约束力的协议，结果常常是从利己主义出发做出选择，损人不利己往往是博弈的最终结果。合作博弈是指参与人需要共同遵守一个既定的协议，所有博弈必须在该协议允许的范围内进行。合作博弈强调的是效率、公平、公正。合作博弈常见于与人们的分工及互换相关的经济活动中。

EGT 通过引入种群生态学扩展了经典博弈论的思想，是生物数学和计算方法的重要组成部分[113]。EGT 结合了非合作博弈与合作博弈理论及生态学、社会学、心理学、经济学等领域的发展成果，以有限理性为基础，分析参与人的行为或策略选择，分析有限理性参与人的博弈均衡问题。受有限理性的影响，参与人很难马上通过优化算法得到最优策略，而是需要经历一个调整过程，即在博弈中不断学习、试错，最终找到理性策略。因此，EGT 不是一次达到最优，而是需要不断动态调整和改进才能够达到，并且，即便是在均衡状态下，也可能会再次出现偏离。

演化稳定策略（Evolutionary Stable Strategy，ESS）和复制者动态（Replicator Dynamics，RD）是 EGT 最核心的两个基本概念。ESS 源于生物进化论中的自然选择原理，即在不断地重复博弈中，有限理性的参与人最终会达到一种平衡状态，双方的策略最终会收敛到一个 ESS[114]。在这种平衡状态中，任何一个个体都不愿意单方面改变其策略。RD 则表征了向 ESS 动态收敛的过程。研究人员经常使用 RD 方程来数学化地描述这样一种观点：表现更好的个体会有更多的后代，因此其在群体中的频率会增加[115]。RD 有离散模型和连续模型两种类型，离散模型用差分方程建模，而连续模型用微分方程建模[116]，它们的基本方程分别为

$$x_{t+1}(s) = x_t(s)\frac{1+u_t(s)}{1+\bar{u}_t(s)} \tag{3-1}$$

$$\frac{\mathrm{d}x_i}{\mathrm{d}t} = F(x_i) = [u(s_i,x)-\bar{u}(x,x)]x_i \tag{3-2}$$

式中，$x_t(s)$ 为 t 时刻博弈者选择策略 s 的数量与博弈者总数之比。$u_t(s)$ 为 t 时刻博弈者选择博弈策略 s 的期望支付。$\bar{u}_t(s)$ 为所有博弈者的平均支付。$u(s_i,x)$ 表示群体中选择纯策略 s_i 的个体所得的期望收益。$\bar{u}(x,x)=\sum x_i u(s_i,x)$，表示群体的平均期望收益。该式表明，如果选择 s_i 的个体收益少于平均收益，则选择该策略的个体增长率将会是负数；反之，则增长率为正；如果等于平均收益，则增长率为 0。

目前，EGT 被广泛应用于经济、社会学、数学、人类学等领域的不同社会经济系统的分析[117]。近年来，EGT 在供应链协同中也得到了广泛的应

用[118,119]。虽然使用 EGT 可以有效地建立供应链企业的协同策略，但有关供应链合作伙伴间物流信息协同的研究却很少。本章运用 EGT 构建供应链合作伙伴间物流信息协同模型，探明演化稳定策略形成机理。

3.3 供应链合作伙伴 SCLI 协同的演化博弈模型

3.3.1 模型假设

以由制造商群和供应商群组成的两级供应链为例，这两个群体中的企业都是有限理性的，这些企业根据自己的实际条件和预测分析能力选择一定的策略并进行探索性行为。一般来说，短期策略不是最优的，而稳定的最优状态需要多次演化博弈。本章选取影响 SCLI 协同效益函数的因素，基于利益最大化，研究企业选择 SCLI 协同行为的过程。

博弈群体双方的信息不对称，当协同行为发生时，供应商个体和制造商个体随机匹配。制造商向供应商协同零件库存、产品库存和销售需求等物流信息，供应商可以利用这些信息来预测和调整其生产能力、供应量、订货量和物流活动，从而实现库存优化。供应商向制造商协同产品、原材料、供应物流等信息，使制造商能够及时调整生产过程和能力，并在产品发生变化时对产品、流程等切换做出快速反应。

研究提出的 SCLI 协同演化博弈模型是建立在以下假设基础之上的：

（1）制造商群体和供应商群体中的所有个体都是有限理性的，他们在多次博弈中不断地学习，并寻求与演化稳定策略的最佳平衡。

（2）在 SCLI 协同中，供应商个体和制造商个体各自的行为策略集为{协同,不协同}。

（3）为鼓励所有供应商个体和制造商个体参与 SCLI 协同，引入激励和惩罚机制。供应链中各节点企业协同物流信息，采用激励机制，可以提高节点企业的效益。相反，则采用惩罚机制。

（4）如果两个群体中的所有个体都选择 SCLI 协同，他们将会获得额外的收益，整体供应链的收益将最大化。在两个配对企业中，一方选择 SCLI 协同而另一方不选择物流信息协同，则不选择 SCLI 协同的一方获得额外收益，且此时的额外收益将低于双方都选择 SCLI 协同时的额外收益。当双方都不选择 SCLI 协同时，双方都不能获得额外收益。

为了清晰认识 SCLI 协同策略的演变过程，本章设置了两个群体中单个企业的相关参数（表 3－1），并建立单个企业的收益函数。如果单个企业的选择发生变化，则个体在群体中选择某策略的比例也会发生变化。

表 3－1　参数及其含义

参数	含　义
A_i	基本收益，即供应链企业在不协同物流信息时所获得的利益，$i=1,2$，A_1 和 A_2 分别是供应商和制造商获得的收益
C	SCLI 协同总成本，$C>0$。用于 SCLI 协同的总成本，包括设备、占用的资金、人力资源成本等。通常情况下，SCLI 协同的总成本应由所有供应链节点企业分摊
f	信息协同系数，$f\geqslant 0$，表示协同的信息量。与信息共享程度相似，信息协同系数反映了供应链企业愿意提供的协同信息的数量，取决于所收集样本的大小。当博弈双方中的一方协同更多信息时，另一方将获得更多的额外收益
α	成本分摊系数，$\alpha\in(0,1)$。在配对进行物流信息协同的两个企业中，如果供应商的成本为 αC，则制造商的成本为 $(1-\alpha)C$
B	SCLI 协同附加收益，$B>0$。当制造商群体和供应商群体中的个体都采用 SCLI 协同时，供应链整体将获得额外的收益，这使得协同收益大于不协同时的收益
b	附加收益分配系数，$b\in(0,1)$。如果供应商群体 S 的附加收益为 bB，则制造商群体 M 的附加利益为 $(1-b)B$。当只有供应商群体中的个体参与协同物流信息的匹配时，不协同物流信息的单个制造商的附加利益为 $B_2>0$。同理，当制造商群体中只有个体参与协同物流信息的匹配时，不协同物流信息的单个供应商的额外收益为 $B_2<0$。令 $B_2<bB$ 和 $B_2<(1-b)B$
β	风险系数，$\beta>0$。风险意味着企业面临着利益受损的后果。因此，设 β 与 f 正相关，βf_1 为供应商群体 S 中的个体选择信息协同时的收益损失量，βf_2 是制造商群体 M 中的个体选择信息协同时的收益损失量
P	惩罚系数，$P>0$。如果不参与物流信息协同的一方所获得的惩罚性收益与参与物流信息协同一方的物流信息协同程度呈正相关，则不参与物流信息协同一方获得的惩罚性收益为 $-Pf$
x	供应商群初始状态下选择 SCLI 协同的供应商比例，$x\in[0,1]$，则不选择 SCLI 协同的供应商比例为 $1-x$
y	制造商群初始状态下选择 SCLI 协同的制造商比例，$y\in[0,1]$，则不选择 SCLI 协同的制造商比例为 $1-y$

3.3.2　SCLI 协同的演化博弈模型

3.3.2.1　制造商和供应商收益

根据上述假设，参与博弈的供应链节点企业只有两种纯策略｛协同，不协同}。因此，制造商只有两个纯策略：

M_1：制造商协同物流信息。

M_2：制造商不协同物流信息。

同样，供应商也只有两个纯策略：

S_1：供应商协同物流信息。

S_2：供应商不协同物流信息。

制造商和供应商的纯策略组合与其相关的收益如表 3-2 所示。

表 3-2 制造商和供应商收益矩阵

供应商	制造商	
	$M_1(y)$	$M_2(1-y)$
$S_1(x)$	$\{A_1+bB-\beta f_1-\alpha C,$ $A_2+(1-b)B-\beta f_2-(1-\alpha)C\}$	$\{A_1-\beta f_1-\alpha C, A_2+B_2-Pf_2\}$
$S_2(1-x)$	$\{A_1+B_2-Pf_2, A_2-\beta f_2-(1-\alpha)C\}$	$\{A_1, A_2\}$

3.3.2.2 复制者动态方程

根据复制者动态方程，可以得到两个群体选择物流信息协同与否的预期收益。当制造商群处于选择一定比例的信息协同成员的状态时，个体采用物流信息协同策略所获得的预期收益为：

$$\begin{aligned} E_{m1} = x[A_2+(1-b)B-\beta f_2-(1-\alpha)C]+ \\ (1-x)[A_2-\beta f_2-(1-\alpha)C] \end{aligned} \tag{3-3}$$

制造商群中不采用 SCLI 协同策略的个体获得的预期收益为：

$$E_{m2} = x(A_1+B_2-Pf_2)+(1-x)A_2 \tag{3-4}$$

协同物流信息在群体企业中所占比例与其各自的预期收益相结合，可以得到制造商群的平均预期收益为：

$$\overline{E}_m = yE_{m1}+(1-y)E_{m2} \tag{3-5}$$

制造商群体中选择采用 SCLI 协同策略的制造商占比随时间变化的复制者动态方程为：

$$\begin{aligned} F(y) &= \frac{dy}{dt} \\ &= y(E_{m1}-\overline{E}_m) \\ &= y(1-y)[x(B-bB-B_2+Pf_1)-(\beta f_2+C-\alpha C)] \end{aligned} \tag{3-6}$$

式（3－6）表明，当供应商群体中选择 SCLI 协同的个体比例为 x 时，制造商群将改变 y，制造商群中的个体通过学习改变其 SCLI 协同策略，最终达到稳定状态。在这一过程中，既要考虑供应商群内选择 SCLI 协同策略的个体比例［对应于不同的 x 和 y，$F(y)=0$］，也要考虑在不同 SCLI 策略下［对应于不同的 x 和 y，$F'(y)<0$］，制造商群内的每个个体的具体收益。同样，当供应商群体中达到一定比例的个体选择 SCLI 协同时，个体使用 SCLI 协同获得的预期收益为：

$$E_{s1}=y(A_1+B_2-\beta f_1-\alpha C)+(1-y)(A_1-\beta f_1-\alpha C) \quad (3-7)$$

当供应商群体在达到一定比例的个体选择 SCLI 协同时，不采用 SCLI 协同策略的每个个体所获得的预期收益为：

$$E_{s2}=y(A_1+B_2-Pf_2)+(1-y)A_1 \quad (3-8)$$

根据供应商选择 SCLI 协同的比例及其各自的预期收益，可以得到供应商群的平均预期收益：

$$\bar{E}_s=xE_{s1}+(1-x)E_{s2} \quad (3-9)$$

供应商群体中选择采用 SCLI 协同策略的供应商占比随时间变化的复制者动态方程为：

$$\begin{aligned}F(x)&=\frac{\mathrm{d}x}{\mathrm{d}t}\\&=x(E_{s1}-\bar{E}_s)\\&=x(1-x)[y(bB-B_2+Pf_2)-(\beta f_1+\alpha C)]\end{aligned} \quad (3-10)$$

式（3－10）表明，当制造商群体中选择 SCLI 协同的个体所占的比率为 y 时，供应商群体中的个体选择 SCLI 协同策略的比例将变为 x。

3.3.2.3　演化稳定策略分析

当分析 $F(y)$ 时，需要满足 $F(y^*)=0$，当复制者动态方程稳定时，即可求解全部 y^*，即种群战略变化调整的趋势。在 EGT 中，这种稳定结果具有这样的性质：当发生一个较小的变化时，平衡状态的稳定被打破，种群演化将会不断消除这种变化，最终再次达到稳定的状态。因此，当发生变化时，复制者动态会削弱这种变化，并且会导致动态改变收敛到稳态 y。因此，企业群体要使策略再次达到稳定，需要 $F(y^*)=0$。在 y^*，$F(y^*)=0$ 时，y^* 是群体策略的稳定结果。$F(x)$ 和 $F(y)$ 构成了两个群体的动态演化博弈系统。

当选择 SCLI 协同策略的供应商的比例 x 发生变化时，选择 SCLI 协同策略的制造商的比例 y 也会相应地发生变化。双方相互影响，直到两个群体停止改变。然后，两个群体中个体的博弈形成了一个稳定平衡状态。此时，$F(x)=0$ 和 $F(y)=0$，最重要的条件是满足 $F'(x)<0$ 和 $F'(y)<0$。

（1）供应商演化博弈分析

分析演化策略调整的过程是在比较演化稳定状态下 SCLI 协同与非 SCLI 协同博弈利益函数值的基础上进行的。根据式（3-10），可以得到 $F'(x)$ 为：

$$F'(x)=(1-2x)[y(bB-B_2+Pf_2)-(\beta f_1+\alpha C)] \quad (3-11)$$

令 $F(x)=0$，其解为：$x_1^*=0$，$x_2^*=1$，$y^*=(\beta f_1+\alpha C)/(bB-B_2+Pf_2)$。

情况 1-1：当 $y^*\in(0,1)$，即 $bB-B_2+Pf_2>\beta f_1+\alpha C>0$ 时。

①当 $y=y^*=(\beta f_1+\alpha C)/(bB-B_2+Pf_2)$ 时，$F(x)=0$。这意味着制造商群中选择协同物流信息的个体比例为 y^*，且供应商群 S 中选择协同物流信息的个体比例的 x 值均达到稳定状态，即 $x\in[0,1]$。此时，$\forall x$，$\exists F'(x)=0$，与 $F'(x)<0$ 不符，所以此时不是一个稳定的策略。

当 $y\neq y^*$ 时，设 $F(x)=0$，则有 $x_1=0$ 或者 $x_2=1$，需要使 $F'(x)<0$，因此，应该分析 y 变化时 $F'(x)$ 的取值情况。

②当 $y>y^*$ 时，则有 $F'(x_1=0)>0$ 和 $F'(x_2=1)<0$。因此，$x_2=1$ 是供应商群体中选择 SCLI 协同策略的个体的占比。在这种情况下，制造商群体中个体采用 SCLI 协同的占比应该大于 y^*，供应商群的最终演化结果是所有企业都倾向于选择 SCLI 协同。根据 y^* 公式，若供应商群负担的 SCLI 协同成本越小，其所面临的风险将会越小，同时得到的额外收益将会越大，外部惩罚越大，不采用 SCLI 协同的额外收益将会越小，y^* 就会越小。供应商群体演化的结果是其中的个体选择协同物流信息的个体所占比例越高。

③当 $y<y^*$ 时，则有 $F'(x_1=0)<0$ 和 $F'(x_2=1)>0$。因此，$x_1=0$ 是供应商群中选择 SCLI 协同的个体占比。在这种情况下，制造商群体中的个体选择 SCLI 协同策略的占比比 y^* 小，供应商群体演化的结果是其中的个体趋向于不协同物流信息。由 y^* 公式可知，当 y^* 变大，供应商群负

担的成本增加，潜在风险变大，采用 SCLI 协同的额外收益和惩罚降低，不采用 SCLI 协同的额外收益增加，供应商群的演化结果是不采用 SCLI 协同的个体占比越大。

情况 1-2： 考虑 $y^* \notin (0,1)$。当 $y^* = 0$ 时，即 $\beta f_1 + \alpha C = 0$ 时。

①当 $bB - B_2 + Pf_2 > 0$ 时，对于 $y \in (0,1]$，有 $F'(x_1 = 0) > 0$ 和 $F'(x_2 = 1) < 0$。因此，供应商群的演化稳定状态是所有的个体选择 SCLI 协同策略。此时，在制造商群中选择 SCLI 协同的个体在该群中所占的比例为 $(0,1]$，可以使供应商群形成一个稳定的 SCLI 协同状态。

当 $y = 0$ 时，演化结果是制造商群中选择 SCLI 协同的个体占比为 0。如果 $x \in [0,1]$ 得到满足，则 $F'(x) = 0$ 成立。

②当 $bB - B_2 + Pf_2 < 0$ 时，对于 $y \in (0,1]$，有 $F'(x_1 = 0) < 0$ 和 $F'(x_2 = 1) > 0$。因此，$x_1 = 0$ 是供应商群演化的结果，即供应商群中采用物流信息协同策略的个体所占的比例，演化结果表明供应商群中的个体都趋向于不采用协同物流信息策略。此时，在制造商群中采用 SCLI 协同的个体占比为 $(0,1]$，可以使供应商群形成不采用 SCLI 协同的稳定状态。

当 $y = 0$ 时，演化结果是制造商群中选择 SCLI 协同的个体占比为 0。如果 $x \in [0,1]$ 得到保证，则 $F(x) = 0$，没有稳定的演化结果。

③当 $bB - B_2 + Pf_2 = 0$ 时，对于 $x, y \in [0,1]$，$F'(x) = 0$ 始终有效。该情形与形成演化稳定状态的要求不相符，而且事实上 $\beta f_1 + \alpha C > 0$，因此该情形不存在。

情况 1-3： 当 $y^* = 1$ 时，即 $bB - B_2 + Pf_2 = \beta f_1 + \alpha C$。对于 $y \in [0,1]$ 和 $y < y^*$，$F'(x_1 = 0) < 0$ 和 $F'(x_2 = 1) > 0$ 始终为真。因此，$x_1 = 0$ 是供应商群中采用 SCLI 协同策略的个体所占的比例，演化结果表明，供应商群 S 中的个体都趋向于选择不协同物流信息。在制造商群中采用物流信息协同策略的个体在该群中所占比例为 $y \in [0,1]$，前提条件是 $bB - B_2 + Pf_2 > 0$ 和 $\beta f_1 + \alpha C > 0$。

如若满足 $y = y^* = 1$，则制造业群体 M 演化的结果是所有个体全部协同物流信息，对于 $x \in [0,1]$，$F'(x) = 0$ 始终成立。所以，没有稳定的结果。

情况 1-4： 当 $y^* < 0$ 时，即 $\beta f_1 + \alpha C > 0$ 和 $bB - B_2 + Pf_2 < 0$。对于

$y \in [0,1]$，$y > y^*$ 始终是成立的，则有 $F'(x_1 = 0) < 0$ 和 $F'(x_2 = 1) > 0$ 成立。因此，$x_1 = 0$ 是供应商群体中采用 SCLI 协同的个体占比，演化结果表明，供应商群中的个体都趋向于不协同物流信息。制造商群中采用 SCLI 协同的个体占比为 $y \in [0,1]$。上述情况是以 $bB - B_2 + Pf_2 > 0$ 为基础的，这与上述条件相矛盾，因此在以后的研究中将不再分析这种情形。

另一种使 $y^* < 0$ 的情况是 $bB - B_2 + Pf_2 > 0$ 和 $\beta f_1 + \alpha C < 0$ 成立，但这与 $\beta f_1 + \alpha C \geqslant 0$ 的前提条件相矛盾，所以，这种情形是不存在的。

情况 1－5：当 $y^* > 1$ 时，即 $\beta f_1 + \alpha C > bB - B_2 + Pf_2 > 0$，此时有 $y < y^*$。对于 $y \in [0,1]$，有 $F'(x_1 = 0) < 0$ 和 $F'(x_2 = 1) > 0$，因此 $x_1 = 0$ 是供应商群演化的结果，即供应商群中的个体都趋向于不协同物流信息。制造商群中选择 SCLI 协同的个体占比为 $y \in [0,1]$。

供应商演化博弈分析结果见表 3－3。在 $y^* \in [0,1]$ 时，只有当制造商群中采用 SCLI 协同策略的个体占比比 y^* 大时，供应商群的稳定演化结果才是 SCLI 协同。而若 y^* 变小（最小为 0），供应商群中采用 SCLI 协同的个体占比就会越明显。这意味着若制造商群中采用 SCLI 协同的个体占比比某一 y^* 大时，供应商群中的个体都偏向于采用 SCLI 协同。

表 3－3　供应商群体演化稳定结果

y^*	y	$F'(0)$	$F'(1)$	稳定点
$0 \leqslant y^* \leqslant 1$	$y = y^*$	0	0	—
	$y^* < y \leqslant 1$	>0	<0	$x = 1$
	$0 \leqslant y < y^*$	<0	>0	$x = 0$
$y^* < 0$	$0 \leqslant y \leqslant 1$	<0	>0	$x = 0$
$y^* > 1$	$0 \leqslant y \leqslant 1$	<0	>0	$x = 0$

（2）制造商的演化博弈分析

由式（3－6）可以得到 $F(y)$ 对 y 的一阶偏导数：

$$F'(y) = (1 - 2y)[x(B - bB - B_2 + Pf_1) - (\beta f_2 + C - \alpha C)] \tag{3-12}$$

令 $F(y) = 0$，其解为 $y_1^* = 0$，$y_2^* = 0$ 和 $x^* = (\beta f_2 + C - \alpha C)/(B - bB - B_2 + Pf_1)$。

情况 2-1：当 $x^* \in [0,1]$ 时，即 $B-bB-B_2+Pf_1 \geqslant \beta f_2+C-\alpha C \geqslant 0$ 时：

①当 $x=x^*=(\beta f_2+C-\alpha C)/(B-bB-B_2+Pf_1)$ 时，$F(y)=0$。此时，供应商群中选择协同物流信息策略的个体所占的比例为 x^*，且无论制造商群中选择协同物流信息策略的个体所占比例如何，都可以达到一个稳定状态，即 $y \in [0,1]$，但这与 $F'(y)<0$ 的稳定条件不符合。

②当 $x>x^*$ 时，$F'(y_1=0)>0$ 和 $F'(y_2=1)<0$。因此，$y_2=1$ 是制造商群演化的稳定结果。此时，当供应商群中选择协同物流信息的个体所占比例大于 x^* 时，制造商群的最终演化结果是所有个体均趋向于协同物流信息。根据 x^* 公式，x^* 越小，在制造商群体中选择 SCLI 协同的个体所占的比例越显著。

③当 $x<x^*$ 时，$F'(y_1=0)<0$ 和 $F'(y_2=1)>0$。因此，$y_1=0$ 是制造商群演化的稳定结果。在这种情况下，当供应商群体中选择 SCLI 协同的个体所占比例小于 x^* 时，制造商群体的演化结果将不是 SCLI 协同。如果 x^* 增大（可增大到 1），则在制造商群体演化结果中不选择协同物流信息的个体所占的比例将更为显著。

情况 2-2：当 $x^*<0$ 时，此时 $x \in [0,1]$，$x>x^*$。

①当 $B-bB-B_2+Pf_1>0$ 和 $\beta f_2+C-\alpha C<0$ 时，$F'(y_1=0)>0$，$F'(y_2=1)<0$，制造商群演化的最终结果是制造商群中所有个体都选择 SCLI 协同。在这种情况下，供应商群中采用 SCLI 协同的个体占比为 $x \in [0,1]$，即没有形成演化的稳定状态。

②当 $B-bB-B_2+Pf_1<0$ 和 $\beta f_2+C-\alpha C>0$ 时，$F'(y_1=0)<0$，$F'(y_2=1)>0$。制造商群演化的结果是所有个体都不采用 SCLI 协同。在此种情况下，供应商群中采用 SCLI 协同的个体占比为 $x \in [0,1]$，即没有形成演化的稳定状态。实际情况下 $B-bB-B_2+Pf_1>0$，$\beta f_2+C-\alpha C>0$。所以，x^* 不可能小于 0。

情况 2-3：当 $x^*>1$ 时，即 $\beta f_2+C-\alpha C>B-bB-B_2+Pf_1$ 时，在 $x \in [0,1]$ 的情况下，$F'(y_1=0)<0$，$F'(y_2=1)>0$。因此，$y_1=0$ 是制造商群体 M 演化的稳定结果，即制造商群 M 中的所有个体趋向于不协同物流信息。在供应商群演化结果中，选择协同物流信息策略的个体所占的比例为 $x \in [0,1]$。

制造商演化博弈分析结果见表 3-4。

表 3-4　制造商群演化稳定结果

x^*	x	$F'(0)$	$F'(1)$	稳定点
$0\leqslant x^*\leqslant 1$	$x=x^*$	$=0$	$=0$	—
	$x^*<x\leqslant 1$	>0	<0	$x=1$
	$0\leqslant x<x^*$	<0	>0	$x=0$
$x^*<0$	$0\leqslant x\leqslant 1$	<0	>0	$x=0$
$x^*>1$	$0\leqslant x\leqslant 1$	<0	>0	$x=0$

在 $x^*\in[0,1]$ 时，只有当供应商群体中采用 SCLI 协同的个体所占比比 x^* 大时，制造商群的演化稳定结果才是 SCLI 协同。因此，当供应商选择 SCLI 协同的个体所占比例大于一定的 x^* 值时，制造商倾向于选择 SCLI 协同策略。

（3）供应商和制造商的演化博弈分析

不同的 x^* 和 y^* 值组合会产生不同的演化结果。根据这两个群体的复制者动态方程，能够求得其均衡解，然后利用模型的雅可比矩阵能够求得稳定解，由此分析制造商群和供应商群的演化稳定策略。设：

$$\begin{cases} M=bB-B_2+Pf_2 \\ N=\beta f_1+\alpha C \\ O=B-bB-B_2+Pf_1 \\ S=\beta f_2+C-\alpha C \end{cases} \tag{3-13}$$

则其雅可比矩阵为：

$$J=\begin{bmatrix} \dfrac{\partial F(x)}{\partial x} & \dfrac{\partial F(x)}{\partial y} \\ \dfrac{\partial F(y)}{\partial x} & \dfrac{\partial F(y)}{\partial y} \end{bmatrix}=\begin{bmatrix} (1-2x)(yM-N) & x(1-x)M \\ y(1-y)O & (1-2y)(xO-S) \end{bmatrix} \tag{3-14}$$

式（3-14）的行列式和迹分别为：

$$Det(J)=(1-2x)(yM-N)(1-2y)(xO-S)-y(1-y)Ox(1-x)M \tag{3-15}$$

$$Tr(J)=(1-2x)(yM-N)+(1-2y)(xO-S) \tag{3-16}$$

根据式（3-6）和式（3-10），由 $F(x)$ 和 $F(y)$ 组成的方程组的均衡解为 (0,0)，(1,0)，(0,1) 和 (1,1)。当 $0 < x^* < 1$ 和 $0 < y^* < 1$ 时，$(x^*, y^*)(x^* = S/O, y^* = N/M)$ 也是均衡解。特殊情况包括：当 $S = O$，即 $x^* = 1$ 时，均衡解为 $(1, \sim) y \in (0,1)$。或当 $M = N$，即 $y^* = 1$ 时，均衡解为 $(\sim, 1) x \in (0,1)$。将这些均衡解代入式（3-15）和式（3-16）。当 $Det(J) > 0$，$Tr(J) < 0$ 时，均衡解是一个稳定解，也是一个稳定的演化结果。具体结果如表 3-5 所示。

表 3-5　均衡解的迹和行列式

均衡解	$Det(J)$	$Tr(J)$
(0,0)	NS	$-N-S$
(0,1)	$S(M-N)$	$M-N+S$
(1,0)	$N(O-S)$	$N+O-S$
(1,1)	$(N-M)(S-O)$	$(N-M)+(S-O)$
(1, ～)	$(2y-1)(yM-N)(O-S)$	$N-yM+(1-2y)(O-S)$
(～,1)	$(2x-1)(M-N)(xO-S)$	$S-Ox+(1-2x)(M-N)$
(x^*, y^*)	$N(N/M-1)S(1-S/O)$	0

在 x^* 和 y^* 的不同条件下，两个群体达到稳定的收敛和策略变化过程如图 3-1 所示，解的演化平衡稳定性分析如下：

情况 3-1［图 3-1（a）］：当 $0 < x^* < 1$ 和 $y^* > 1$ 时，即 $O > S > 0$ 和 $N > M > 0$（$B - bB - B_2 + Pf_1 > \beta f_2 + C - \alpha C > 0$ 和 $\beta f_1 + \alpha C > bB - B_2 + Pf_2 > 0$）。$F(x)$ 和 $F(y)$ 均衡解的稳定性见表 3-6。此时，两个群体博弈的均衡解均为 (0,0)。所以，两个群体中的所有个体都倾向于不选择 SCLI 协同。如果初始博弈是在一个不稳定点或者鞍点处，是一个均衡的状态，当受到外部干扰时会向 (0,0) 收敛。

情况 3-2［图 3-1（b）］：当 $x^* > 1$ 且 $0 < y^* < 1$ 时，即 $0 < O < S$ 和 $N > M > 0$（$0 < B - bB - B_2 + Pf_1 < \beta f_2 + C - \alpha C$ 和 $0 < \beta f_1 + \alpha C < bB - B_2 + Pf_2$）。$F(x)$ 和均衡解的稳定性见表 3-6。故该情况与情况 3-1 相同，稳定解为 (0,0)。

情况 3-3［图 3-1（c）］：当 $x^* > 1$ 和 $y^* > 1$ 时，即 $0 < O < S$ 和 $N > M > 0$（$0 < B - bB - B_2 + Pf_1 < \beta f_2 + C - \alpha C$ 和 $\beta f_1 + \alpha C > bB - B_2 +$

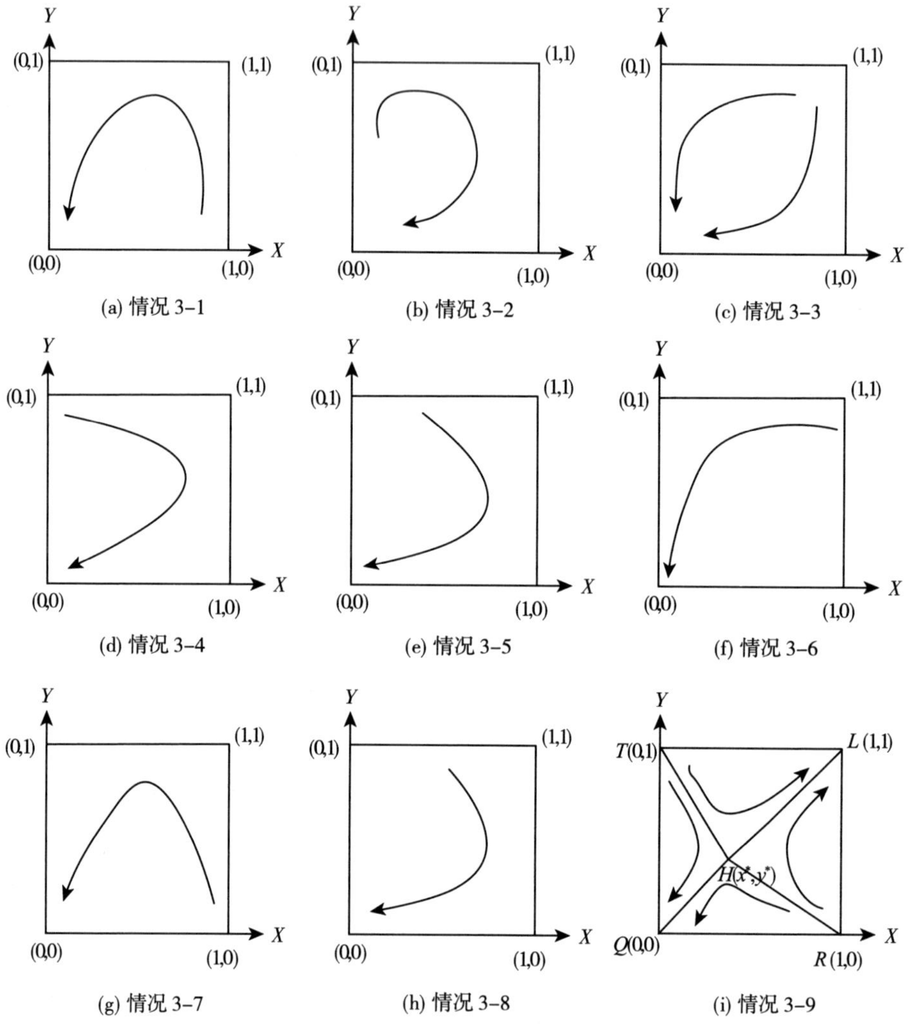

图 3-1　演化稳定相图

$Pf_2>0$)。$F(x)$ 和 $F(y)$ 均衡解的稳定性见表 3-6。

情况 3-4 [图 3-1 (d)]：当 $x^*=1$ 且 $0<y^*<1$，即 $O=S$ 和 $0<N<M$ 时，$F(x)$ 和 $F(y)$ 均衡解的稳定性如表 3-6 所示。均衡解仍然是 (0,0)。当 $x=1$ 时，均衡解 (1，~) 是鞍点或不稳定解。此时，在特定初始条件下，两个群体的选择可能会向 (1，~) 收敛。这意味着供应商群体中的所有个体都会选择 SCLI 协同，制造商群体中选择 SCLI 协同的个体所占比例在 0 到 1 之间。

表 3-6　均衡解的判断

均衡解	Det(J)	Tr(J)	判断	均衡解	Det(J)	Tr(J)	判断
情况 3-1							
(0,0)	+	−	稳定点	(1,0)	+	+	不稳定点
(0,1)	−	不确定	鞍点	(1,1)	−	不确定	鞍点
情况 3-2							
(0,0)	+	−	稳定点	(1,0)	−	不确定	鞍点
(0,1)	+	+	不稳定点	(1,1)	−	不确定	鞍点
情况 3-3							
(0,0)	+	−	稳定点	(1,0)	−	不确定	鞍点
(0,1)	−	不确定	鞍点	(1,1)	+	+	不稳定点
情况 3-4							
(0,0)	+	−	稳定点	(1,1)	0	−	鞍点
(0,1)	+	+	不稳定点	(1, ～)	0	不确定	鞍点或不稳定点
(1,0)	0	+	不稳定点				
情况 3-5							
(0,0)	+	−	稳定点	(1,1)	0	0	鞍点
(0,1)	0	+	不稳定点	(1, ～)	0	+	不稳定点
(1,0)	0	+	不稳定点	(～,1)	0	+	不稳定点
情况 3-6							
(0,0)	+	−	稳定点	(1,1)	0	+	不稳定点
(0,1)	−	不确定	鞍点	(1, ～)	0	+	不稳定点
(1,0)	0	+	不稳定点				
情况 3-7							
(0,0)	+	−	稳定点	(1,1)	0	−	鞍点
(0,1)	0	+	不稳定点	(～,1)	0	不确定	鞍点或不稳定点
(1,0)	+	+	不稳定点				
情况 3-8							
(0,0)	+	−	稳定点	(1,1)	0	+	不稳定点
(0,1)	0	+	不稳定点	(～,1)	0	+	不稳定点
(1,0)	−	不确定	鞍点				
情况 3-9							
(0,0)	+	−	稳定点	(1,1)	+	−	稳定点
(0,1)	+	+	不稳定点	(x^*, y^*)	−	0	鞍点
(1,0)	+	+	不稳定点				

情况 3-5 ［图 3-1（e）］：当 $x^*=1$，$y^*=1$，即 $O=S$ 和 $N=M$ 时，$F(x)$ 和 $F(y)$ 均衡解的稳定性如表 3-6 所示，$(\sim,1)x\in(0,1)$ 和 $(1,\sim)y\in(0,1)$。在这种情况下，稳定解仍然是 (0,0)。在一个特殊的初始状态下，博弈的方向可以是 (1，～)，(～,1)。

情况 3-6 ［图 3-1（f）］：当 $x^*=1$ 且 $y^*>1$，即 $O=S$，$N>M>0$ 时，$F(x)$ 和 $F(y)$ 均衡解的稳定性如表 3-6 所示，其中 $(1,\sim)y\in(0,1)$。该情况与情况 3-4 非常相似，有一个特定的初始状态，它收敛于 $x=1$，不稳定。

情况 3-7 ［图 3-1（g）］：当 $y^*=1$ 且 $0<x^*<1$，即 $N=M$ 且 $O>S>0$ 时，$F(x)$ 和 $F(y)$ 均衡解的稳定性如表 3-6 所示，$(\sim,1)x\in(0,1)$。这种情况类似于情况 3-4，有一个特殊的初始状态，在 $x=1$ 处收敛，不稳定。当初始博弈处于一个特殊状态时，两个群收敛于 (～,1)，不稳定。

情况 3-8 ［图 3-1（h）］：当 $y^*=1$ 和 $x^*>1$，即 $N=M$ 和 $0<O<S$ 时，$F(x)$ 和 $F(y)$ 均衡解的稳定性如表 3-6 所示，其中 $(\sim,1)x\in(0,1)$。这个情况类似于情况 3-7，有一个特殊的初始状态，在 $y=1$ 处收敛，不稳定。在其他情况下，它仍然会收敛到稳定解 (0,0)，即两个群体中的所有个体都不选择 SCLI 协同。

情况 3-9 ［图 3-1（i）］：当 $0<x^*<1$ 和 $0<y^*<1$ 时，即 $O>S>0$ 和 $0<N<M$。$F(x)$ 和 $F(y)$ 均衡解的稳定性如表 3-6 所示，其中 $x^*=S/O$ 和 $y^*=N/M$。稳定解为 (0,0) 或 (1,1)。设 $Q(0,0)$，$T(0,1)$，$R(1,0)$，$L(1,1)$，$H(x^*,y^*)$。博弈的初始状态在折线 *THR* 的右上角，因此在不断变化的过程中，两个群体中选择 SCLI 协同的个体所占比例趋于 (1,1)。当博弈的初始状态是在 *THR* 的左下角时，两个群体采用 SCLI 协同的个体所占比例向 (0,0) 趋近。使用 MATLAB 模拟情况 3-9 的演化情况，其结果如图 3-2。设 $x^*=0.5$，$y^*=0.5$，两个群体中选择 SCLI 协同的个体所占比例趋于 (0,0) 或 (1,1)。

通过对均衡解的分析和对收敛相图的描述，得到了两个群体协同物流信息的两个影响条件［即 (1,1) ］。第一个条件是两个群体中的个体在初始采用 SCLI 协同时的占比具有随机性和不确定性。二是鞍点 (x^*,y^*) 的位置会对四边形 *THRL* 博弈初始点产生影响，进而影响了两个群体采用 SCLI

协同的概率。当 $x^* \in (0,1)$ 和 $y^* \in (0,1)$ 时，鞍点 $H(x^*, y^*)$ 出现在演化相图中。显然，当 x^* 和 y^* 有不同的值时，鞍点的位置会改变。

在这种情况下，两个群体中选择 SCLI 协同的个体所占比例都有一定的概率趋向于 (1,1)。在博弈开始时，每个群体中采用 SCLI 协同的个体占比是一个随机值。当四边形 $THRL$ 的面积 S_{THRL} 变大时，博弈起始时在该四边形 $THRL$ 范围内的可能性也将变大，最终两个群体形成一个稳定的状态。因此，两个群体中的个体选择 SCLI 协同的概率为 (1,1)。此时，S_{THRL} 与鞍点 $H(x^*, y^*)$ 的位置密切相关。

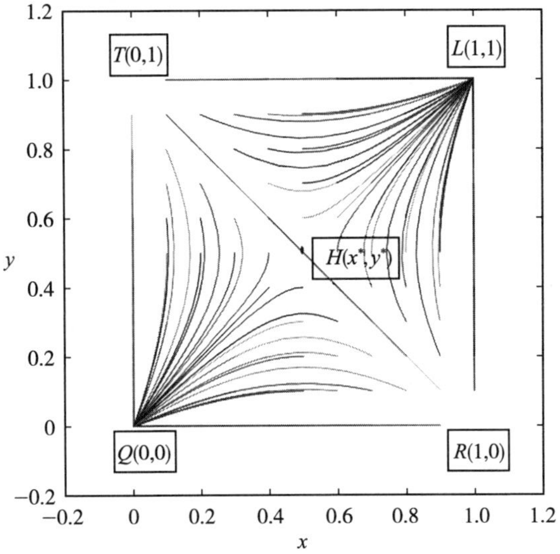

图 3-2　情况 3-9 的演化过程

3.3.2.4　演化稳定影响因素分析

从图 3-1 和上面的分析可以知道，在初始博弈时，在两个群体中采用 SCLI 协同的个体占比是不固定也是不稳定的，在相图中用一个随机点表示。当满足情况 3-9 的要求时，两个群体中的所有个体都有一定的概率倾向于选择 SCLI 协同。而且，S_{THRL} 增加，则两个群体的演化博弈结果是倾向于采用 SCLI 协同的可能增加。S_{THRL} 与鞍点 $H(x^*, y^*)$ 的位置关系密切，可以将 S_{THRL} 的函数对各个参数求偏导，然后讨论他们对 S_{THRL} 的作用。S_{THRL} 函数和其对相关参数求偏导的计算公式如下：

$$S_{THRL}=S_{THL}+S_{RHL}=\frac{1-y^*}{2}+\frac{1-x^*}{2}=\frac{2-x^*-y^*}{2}=1-\frac{x^*+y^*}{2}$$

$$=1-\frac{\dfrac{\beta f_2+C-\alpha C}{B-bB-B_2+Pf_1}+\dfrac{\beta f_1+\alpha C}{bB-B_2+Pf_2}}{2} \tag{3-17}$$

$$\frac{\partial S_{THRL}}{\partial b}=\frac{\dfrac{B(\alpha C+\beta f_2)}{(bB-B_2+Pf_1)^2}-\dfrac{B[\beta f_1+(1-\alpha)C]}{[(1-b)B-B_2+Pf_2]^2}}{2} \tag{3-18}$$

$$\frac{\partial S_{THRL}}{\partial b^2}=-\frac{(bB-B_2+Pf_1)(\alpha C+\beta f_2)B^2}{(bB-B_2+Pf_1)^4}-\frac{[(1-b)B-B_2+Pf_2][\beta f_1+(1-\alpha)C]B^2}{[(1-b)B-B_2+Pf_2]^4} \tag{3-19}$$

$$\frac{\partial S_{THRL}}{\partial b}=\frac{1}{2}\left[\frac{(1-b)(\beta f_2+C-\alpha C)}{(B-bB-B_2+Pf_1)^2}-\frac{B(\beta f_1+\alpha C)}{(bB-B_2+Pf_2)^2}\right] \tag{3-20}$$

$$\frac{\partial S_{THRL}}{\partial \alpha}=\frac{1}{2}\left[\frac{C}{B-bB-B_2+Pf_1}-\frac{C}{bB-B_2+Pf_2}\right] \tag{3-21}$$

$$\frac{\partial S_{THRL}}{\partial f_1}=\frac{1}{2}\left[\frac{P(\beta f_2+C-\alpha C)}{(B-bB-B_2+Pf_1)^2}-\frac{\beta}{B-B_2+Pf_2}\right] \tag{3-22}$$

$$\frac{\partial S_{THRL}}{\partial f_1^2}=-\frac{P^2(\beta f_2+C-\alpha C)}{(B-bB-B_2+Pf_1)^3} \tag{3-23}$$

$$\frac{\partial S_{THRL}}{\partial f_2}=\frac{1}{2}\left[\frac{P(\alpha C+\beta f_1)}{(bB-B_2+Pf_2)^2}-\frac{\beta}{B-bB-B_2+Pf_1}\right] \tag{3-24}$$

$$\frac{\partial S_{THRL}}{\partial f_2^2}=-\frac{P^2(\beta f_1+\alpha C)}{(bB-B_2+Pf_2)^3} \tag{3-25}$$

根据式（3-17），S_{THRL} 与 b、B、β、f、α、C、B_2 和 P 密切相关，对 S_{THRL} 的影响见表 3-7。当 $\partial S_{THRL}/\partial b=0$ 时，$b=b^*$。当 $\partial S_{THRL}/\partial f_1=0$ 时，$f_1=f_1^*$。当 $\partial S_{THRL}/\partial f_2=0$ 时，$f_2=f_2^*$。

（1）b 的影响

根据式（3-17），无法确定 b 对 S_{THRL} 的影响。求式（3-17）关于 b 的二阶偏导数，得到式（3-19），该式小于 0，即当一阶偏导数为 0 时，b^* 使 S_{THRL} 有一个最大值。两个群体中选择 SCLI 协同策略的个体所占比例倾向于 (1,1) 的概率较大。当 $b<b^*$ 时，S_{THRL} 与 b 正相关。当 $b>b^*$ 时，S_{THRL} 与 b 负相关。当 $b=b^*$ 时，S_{THRL} 为最大值，此时 b 为最优。

(2) B 的影响

由式（3－17）可知，当 B 变大时，x^* 和 y^* 的分母都将变大，x^* 和 y^* 将变小，鞍点（x^*, y^*）将更接近（0,0），S_{THRL} 将更大。因此，增加 B 时，更有利于两个群体中的个体选择 SCLI 协同。

表 3－7　相关参数对 S_{THRL} 的影响

	限制条件	参数变化	S_{THRL}	影响
b	$b<b^*$	增加	增加	正向
	$b>b^*$	增加	减少	负向
B		增加	增加	正向
β		增加	减少	负向
f_1	$f_1<f_1^*$	增加	增加	正向
	$f_1>f_1^*$	增加	减少	负向
f_2	$f_2<f_2^*$	增加	增加	正向
	$f_2>f_2^*$	增加	减少	负向
α	$O>M$	增加	减少	负向
	$O<M$	增加	增加	正向
C		增加	减少	负向
B_2		增加	减少	负向
P		增加	增加	正向

(3) β 的影响

根据式（3－17），β 越大，x^* 和 y^* 的分子越大，鞍点（x^*, y^*）越接近（1,1），则 S_{THRL} 也越小。也就是说，风险越高，两个群体中选择 SCLI 协同的个体所占比例就越低。

(4) f 的影响

式（3－17）关于 f_1 的一阶偏导数由式（3－22）得到，式（3－17）关于 f_2 的一阶偏导数由式（3－24）得到。很难从式（3－22）和式（3－24）中确定 f_1 和 f_2 对 S_{THRL} 的影响。因此，计算式（3－17）对 f 的二阶偏导数，得到关于 f_1 的式（3－23）和关于 f_2 的式（3－25），两者都小于 0。因此，当一阶偏导数式（3－22）和式（3－24）为 0 时，SCLI 协同水平 f^* 有一个特殊值，使 S_{THRL} 最大化。

(5) α 的影响

根据式（3-17）可以获得 α 的一阶偏导数如式（3-21）。当 $B-bB-B_2+Pf_1>bB-B_2+Pf_2$，式（3-21）小于0。也就是说，$\alpha$ 越大，S_{THRL} 越小，最终种群的稳定演化结果为 (1,1)。当 $B-bB-B_2+Pf_1<bB-B_2+Pf_2$，式（3-21）大于0。此时，$\alpha$ 越大，S_{THRL} 将越大。在这种情况下，α 应尽可能大。

(6) C 的影响

根据式（3-17），C 越大，x^* 和 y^* 的分子就越大，所以 x^* 和 y^* 越大。因此，鞍点 (x^*，y^*) 更接近 (1,1)，S_{THRL} 将更小。因此，当 C 值较低时，可以认为两个群体中选择 SCLI 协同策略的促进效果较好，且在持续演化过程中，选择 SCLI 协同策略的个体所占比例较高。

(7) B_2 的影响

从式（3-17）可得 B_2 越大，x^* 和 y^* 的分母越大，则 x^* 和 y^* 越小，鞍点 (x^*，y^*) 越接近 (1,1)，则 S_{THRL} 越小，这种情况不利于两个群体中的个体选择 SCLI 协同。

(8) P 的影响

由式（3-17）可知 P 愈大，x^* 和 y^* 的分母都愈大，x^* 和 y^* 越小，鞍点 (x^*，y^*) 越接近 (0,0)，则 S_{THRL} 越大。因此，P 愈大，则惩罚量愈大，这可能使两个群体中的个体都积极采用 SCLI 协同。

3.3.3 协同策略分析

根据对演化稳定的影响因素的分析结果可知，为使供应链合作伙伴均采用物流信息协同策略，实现 SCLI 协同，可以从以下几方面着手：

（1）明确利益及分配

供应链应明确界定制造业企业的附加收益，而不是简单地将其归因于制造业企业利润总额的增长，同时利益应为合作伙伴所知，并以合理的分配系数进行分配。

（2）识别和预防风险

供应链应能够及时识别和预防风险，通过有效的控制方法进一步确保 SCLI 协同的安全。

（3）供应链应确定一个领导者（或核心）

供应链应该有一个供应链的领导者。领导者可以是核心企业或领先企业，也可以是任何能够为整个供应链制定规则的组织。领导者可以根据实际情况及时调整，鼓励供应链合作伙伴采用 SCLI 协同策略。

（4）增进互信

当许多企业为了满足市场需求而组成一个供应链时，它们应该相互信任。供应链成员应通过基于互信的开放合作与沟通，将传统的零和竞争转变为多赢的新局面。还可以加强供应商和制造商之间的沟通，通过提供真实反映 SCLI 协同产生的额外效益的可靠数据，实现高效的物流协调，及时满足市场需求。不准确的数据最终可能传递错误的额外利益信息，从而导致损失，破坏互信。

（5）提高协同意识和能力

供应链合作伙伴应具有较强的协同意识，能够快速响应市场需求，降低成本，提高物流效率，提高供应链的竞争力，避免物流信息共享的延迟和失真。信息协同不仅仅是信息共享。SCLI 协同强调在正确的时间提供正确数量的准确物流信息。虽然 SCLI 协同的程度与供应链合作伙伴采用 SCLI 协同策略的比例有关，但若任一成员缺乏 SCLI 协同策略的能力和支持时，SCLI 协同就无法实现。

3.4　实例验证

由于协同策略是根据对演化稳定的影响因素的分析结果提出的，因此实例只要能够验证影响因素分析结果的正确性即可。本章实例验证将根据研究对象实际情况假设各参数的不同取值范围，并用 MATLAB 进行数值模拟仿真分析。

某公司的供应链主要由上游的零部件供应商和下游的农机装备制造企业组成，在对该公司高层管理人员和行业专家进行了多次 SCLI 协同访谈后，结合文献[119]和[120]，假设 $b\in(0,1)$、$B\in[80,150]$、$\beta\in[1,10]$、$C\in[10,50]$、$\alpha\in(0,1)$、$B_2\in[30,70]$、$f\in[0,10]$、$P\in[1,10]$。给定每个参数的具体值，令 $x^*\in(0,1)$ 和 $y^*\in(0,1)$ 是有效的。当其他参数固定不变时，通过只改变其中一个参数的值来分析 S_{THRL}。具体数值如表 3－8 所示，则有：$\partial S_{THRL}/\partial b=0$，$b^*=0.5$，$\partial S_{THRL}/\partial f_1=0$，$f_1^*=7.28$，$\partial S_{THRL}/\partial f_2=0$，$f_2^*=0.48$。

令 $O=B-bB-B_2+Pf_1=40$，$M=bB-B_2+Pf_2=65$，此时，$O<M$。仿真结果如图 3-3 至图 3-10 所示。

表 3-8　企业的具体参数值

b	B	β	f_1	f_2	α	C	B_2	P
0.6	150	6	6	5	0.6	30	50	5

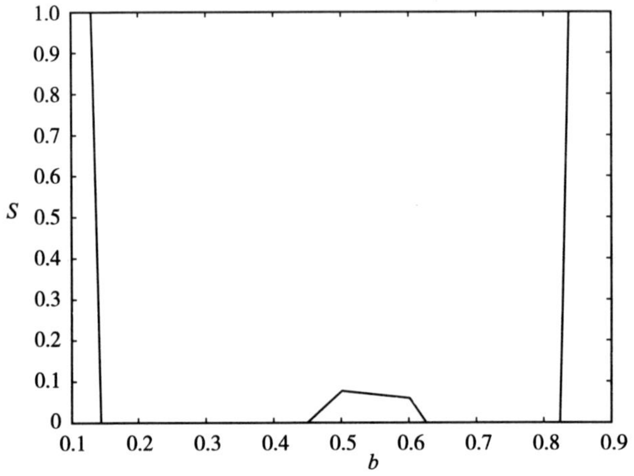

图 3-3　b 对 S_{THRL} 的影响

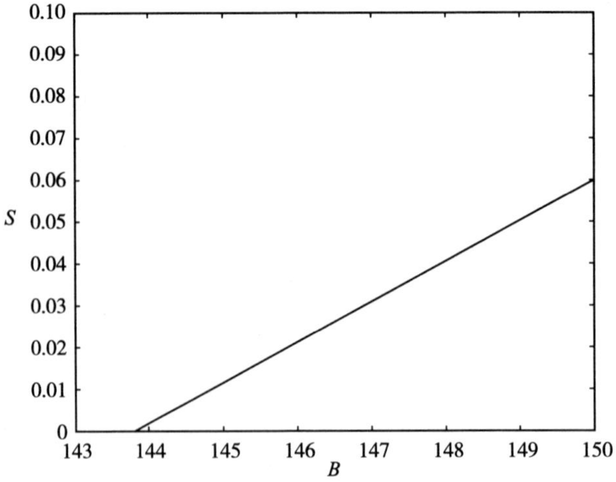

图 3-4　B 对 S_{THRL} 的影响

仿真结果与前文的分析结果一致。在图 3-3 中，当 $b^{*}=0.5$ 时，存在一个峰值，并且 b 最优。在图 3-6 中，当 $f_1^{*}=7.28$ 时，S_{THRL} 达到峰值，此时，f_1 是最优的。而且，当 $f_2^{*}=0.48$ 时，S_{THRL} 达到峰值，S_{THRL} 此时 f_2 也是最优的。在图 3-7 中，设 $b=0.4$，则 $O=70$，$M=35$，$O>M$。α 越大，S_{THRL} 越小。

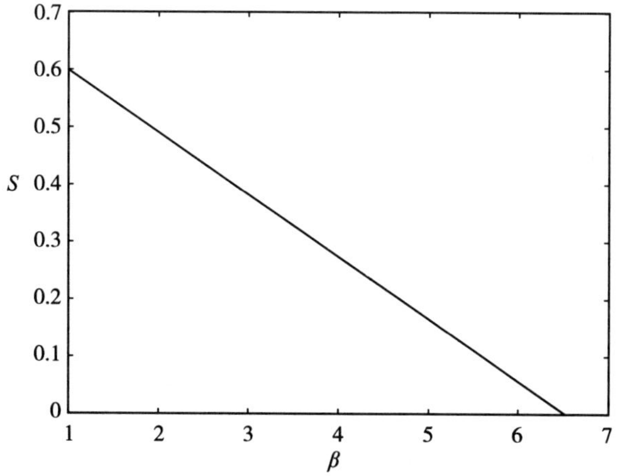

图 3-5　β 对 S_{THRL} 的影响

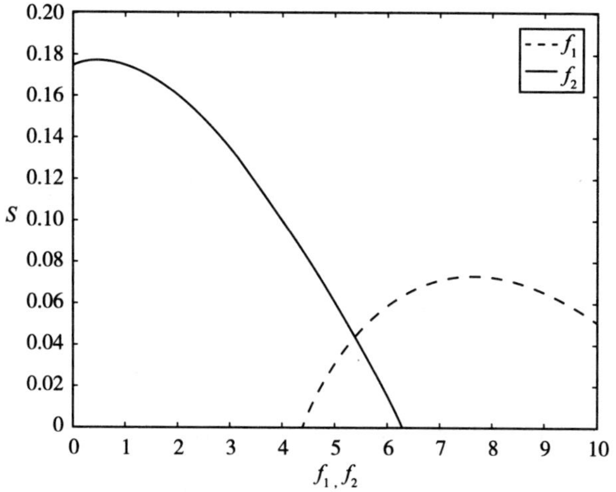

图 3-6　f 对 S_{THRL} 的影响

结合上一节的理论分析和图 3-3 至图 3-10，可以得到以下结论：

（1）合适的收益分配系数可以使两个群体中采用 SCLI 协同策略的成员所占的比例更高，即能够促进 SCLI 协同。

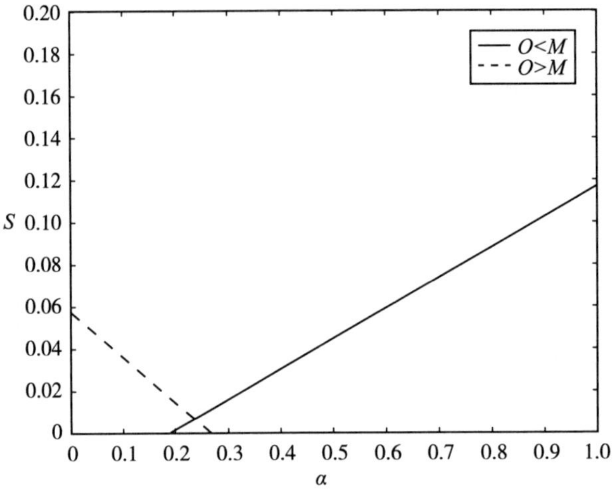

图 3-7　α 对 S_{THRL} 的影响

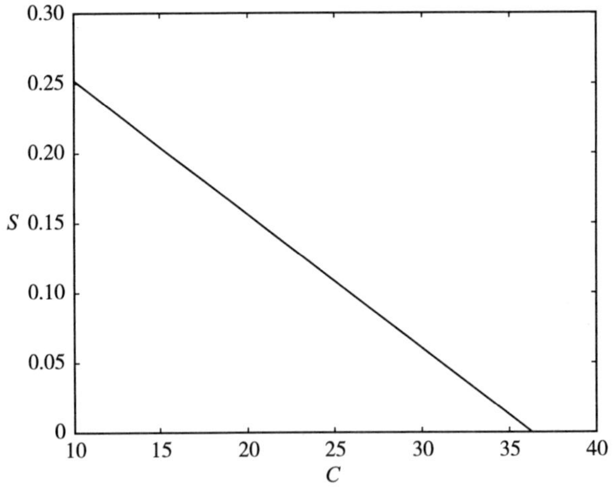

图 3-8　C 对 S_{THRL} 的影响

（2）SCLI 协同产生的额外收益有助于促进供应链上的节点企业选择 SCLI 协同策略。这种额外收益越大，供应链上的节点企业选择 SCLI 协同策略的可能性越大。因此，如果额外收益较低，就应当找出效益不高的原因，采取一些针对性的措施提高 SCLI 协同的额外收益。

（3）SCLI 协同的风险越高，供应链上选择 SCLI 协同策略的企业所占比例就会越低。

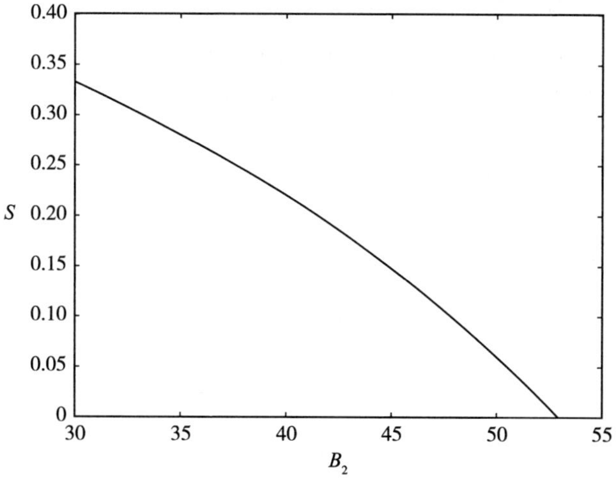

图 3-9　B_2 对 S_{THRL} 的影响

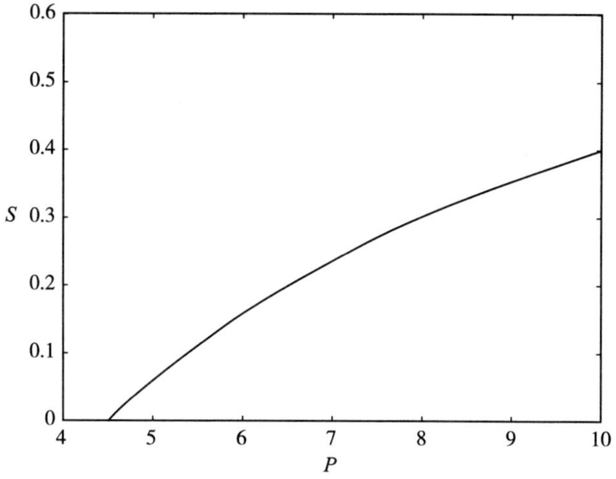

图 3-10　P 对 S_{THRL} 的影响

（4）SCLI 协同的程度与两个群体中所有成员采用 SCLI 协同策略的比例有关，但若任一成员缺乏 SCLI 协同的能力和支持时，SCLI 协同就无法实现。

（5）实施 SCLI 协同的成本越大，供应链上的节点企业采用 SCLI 协同策略的意愿越低。因此，SCLI 协同的总成本应尽可能小。另一方面，在特定情况下，成本分摊系数的提高也会促进 SCLI 协同。

（6）如果不参与 SCLI 协同的供应链节点企业能够获得足够的收益，则其他供应链节点企业将不会选择 SCLI 协同策略。

（7）当惩罚系数越大、惩罚资本量越高时，可以促进两个群体中的个体积极选择 SCLI 协同策略。

3.5 本章小结

本章利用 EGT 以个体收益最大化为目标，构建了供应链合作伙伴间物流信息协同演化博弈模型，通过复制者动态方程和演化稳定策略分析，解析了供应链合作伙伴形成 SCLI 协同的演化博弈过程，得到了两个群体达到演化博弈稳定状态的概率，分析了供应链合作伙伴采用 SCLI 协同的相关影响因素并进行了实例验证。研究结果为智能制造环境下混流生产的制造型企业实践 SCLI 协同提供了理论基础。使供应链节点企业可以清楚地认识 SCLI 协同对供应链竞争力的重要性，有助于提高企业的 SCLI 协同意识，进而促使其做出 SCLI 协同行为。也为供应链制定具体措施改善 SCLI 协同环境，激励供应链企业实施物流信息协同行为提供理论支持。

第4章 基于GGRA和DEMATEL的SCLI协同网络优化

SCLI网络是物流信息采集、传递的承载主体，是SCLI协同的网络基础。在智能制造环境中，SCLI网络具有分布范围广、节点数量多且动态变化等特点，导致SCLI数据出现规模大、种类多、变化频繁等问题，给SCLI协同及准确决策带来了困难。节点是网络中的核心元素，但在复杂网络中节点众多、重要性各不相同。其中关键节点能够在更大程度上影响网络的结构与功能，对网络研究意义重大[121]，因此，如何寻找网络中的关键节点成为众多学者关注的重点和热点[122]。本章对智能制造环境下混流生产的SCLI协同网络结构进行分析，基于GGRA和DEMATEL方法设计了SCLI网络节点重要度评价模型，进而构建了SCLI协同网络结构并进行实例验证。

4.1 智能制造环境下混流生产的SCLI协同网络问题分析

物流信息网络是物流信息采集、传递、存储等的基础，是指以网络形态出现的物流信息载体及其运作方式的总称。SCLI网络是一个资源整合和优势互补的集成系统。其实质是围绕物流任务，实现网络内要素的优化配置、重新组合，形成强大的协同作用，形成内在一体的结构，从而最大限度地放大系统功能和实现系统目标的过程[123]。

物流信息网络分为企业内部信息网络与企业外部信息网络。企业内部信息网络往往是根据企业特点建立起来的信息网络，大部分具有统一的建设标准和运行规则，目的是使企业内部物流信息得到共享与协同，提高信息获取的效率，降低信息利用成本。相对于企业内部信息网络，企业外部信息网络是企业外部的其他企业物流内部信息网络以及实现企业之间互联的网络（如Internet）的总称，其可以使企业与外部的物流信息进行共享与协同，进而实现企业与供应链上其他合作企业之间物流业务的协同。

如果将制造商内部物流信息网络视为企业内部的信息网络，则剩余的供应链上的节点企业内部物流信息网络以及实现节点企业相连的工业互联网/Internet/CPS等，均为企业外部物流信息网络。在整个SCLI网络中，单个企业内部信息网络是一个具有自治特性的网络。物流信息网络依附于物流基础设施网络，而物流基础设施网络又分属于各个节点企业，所以，物流信息网络也被分割成为若干个分属于供应链节点企业的子网络。SCLI网络不同于公共信息网络，它具有服务对象明确、服务范围有限、服务内容专业，复杂性、动态开放性、高度自治与有条件互联、系统协调统一性等特点[124]。

4.1.1 SCLI网络节点

在智能制造环境下，完备的供应链物流基础设施和信息网络为SCLI协同提供了基础，在实现供应链合作伙伴间物流信息协同后，分属于各个供应链节点企业的多个物流信息网络突破组织限制，组成了一个覆盖供应链物流全流程的供应链信息网络，包含供应链上的所有物流信息网络节点，物流信息主要通过各个网络节点进行采集和管理。从信息需求与供应的角度，这些节点主要包括物流信息提供者节点和网络管理节点[125]。

（1）物流信息提供者节点

物流信息提供者节点是智能物流信息采集终端设备（如RFID读写器、条码扫描器等）或物流工作人员，具有特定的网络地址和采集并传送物流信息的功能。物流信息提供者节点采集到的物流信息属于原始信息，获取这些信息后通过企业内联网传输到网络管理节点，在这一过程中不对采集到的原始信息做任何处理。在智能制造环境下，物流信息提供者节点可以实现物流信息的自动采集和传输，且具有很高的准确性、及时性。采集到的物流信息一般不经过加工直接可以为物流协同提供基础数据，对SCLI协同来说，这类节点越多越好。但这些节点采集物流信息是通过智能化设备自动完成的，只要有物流活动发生，智能化的物流信息采集设备就会采集这些物流活动的信息，并及时传递到网络管理节点，对SCLI网络协同意义不大。

（2）网络管理节点

网络管理节点是具有唯一网络地址的人或智能设备（如个人电脑、服务器等），在收到物流信息提供者节点采集到的原始物流信息后，根据 SCLI 协同需求对原始物流信息进行加工并按要求将所需的物流信息及时传递给物流信息需求者。由于不同的物流信息协同需求者对物流信息协同的需求不同，网络管理节点需要根据协同需求对原始物流信息进行转换、存储、提取、传送等处理，使其很难像物流信息提供者节点一样可以借助智能设备完成物流信息协同工作，从而难以及时准确地满足 SCLI 协同的需求。因此在 SCLI 网络协同机制中，主要考虑如何对 SCLI 网络中的网络管理节点进行协同。

4.1.2　SCLI 网络协同网络结构关键问题

SCLI 网络协同主要指 SCLI 网络中的网络管理节点之间的协同，即网络管理节点根据协同信息需求准时提供相应的物流信息。智能制造环境下混流生产的 SCLI 网络覆盖范围广、包含节点多，造成物流信息交换成本高、物流活动决策复杂，对 SCLI 协同提出了很大挑战。

根据信息协同流程（图 2－7），结合 SCLI 网络节点的分类，SCLI 协同网络涉及的要素包括参与的网络管理节点、具体的物流信息以及这些信息交付的时间和空间等。因此，决定智能制造环境下混流生产的 SCLI 协同网络效果的要素包括：参与 SCLI 协同的网络管理节点、各个网络管理节点提供的具体物流信息、所需物流信息的交付时间和空间。其中，参与 SCLI 协同的网络管理节点是协同行为主体，提供的具体物流信息是协同的客体，所需物流信息的交付时间和空间是协同行为要实现的目标。

在智能制造环境下混流生产的供应链合作伙伴间物流信息协同已经实现的情况下，网络管理节点之间通过工业互联网/Internet/CPS 实现了链路的互联互通，覆盖全部供应链物流活动的 SCLI 协同网络已经形成，然而，这个网络只是物理意义上的网络，虽然其为 SCLI 协同提供了基础，但由于智能制造环境中的 SCLI 网络具有分布范围广、节点数量多且动态变化等特点，导致 SCLI 数据出现规模大、种类多、变化频繁等问题，给 SCLI 协同及物流活动准确决策带来了困难。

智能制造环境下混流生产的 SCLI 协同网络是由参与协同的网络管理节

点组成的信息网络，从实现智能制造环境下混流生产要求的供应链物流精准服务这一现实需求出发，对相关网络管理节点及其信息协同行为进行合理安排，使物流信息需求及时准确地得到响应，合理利用协同得到的 SCLI 网络中的节点信息，对供应链物流能够做出精准的物流决策，达到既实现供应链物流精准服务，又减少信息流动降低物流信息交换成本和物流活动决策复杂度的目标。

智能制造环境下混流生产的 SCLI 网络上的网络管理节点众多，但每个节点所提供的物流信息对物流活动决策的影响并不相同，而且，参与 SCLI 协同的网络管理节点越多，实现协同的操作越复杂，因此，智能制造环境下混流生产的 SCLI 协同网络结构首先要解决两个主要问题：哪些网络管理节点（主体）参与物流信息协同？需要哪些物流信息？

智能制造环境下混流生产的 SCLI 协同的主要目标是保证 SCLI 协同进而保障供应链能够对其物流活动做出精准决策。因此，SCLI 协同网络结构应该从 SCLI 决策角度，研究各物流信息对决策结果的重要性，确定少量但重要度高的物流信息，并将提供这些物流信息的网络管理节点组成的网络结构作为开展 SCLI 协同的网络基础。

4.2 GGRA 和 DEMATEL 方法

4.2.1 GGRA

灰色关联分析（Grey Relational Analysis，GRA）作为灰色系统理论的一种系统分析方法，可以捕捉到系统中参考或期望的备选方案与其他比较方案之间的相关性[126]，有助于解决多因素、多变量之间复杂的相互关系，是一种较好的分析形势变化的方法，其分析结果更为客观[127]。基于 GRA 的基本原理，刘思峰教授提出了 GGRA。GGRA 是一种基于宏观视角的相关分析方法，通过在分析过程中加入相对率，可以综合反映整个研究对象的特定灰色关联度[128]。GGRA 包括灰色绝对关联度、灰色相对关联度和灰色综合关联度。

（1）灰色绝对关联度

令 $X_0=\{x_0(1),x_0(2),\cdots,x_0(n)\}$ 为系统特征序列，$X_i=\{x_i(1),$

$x_i(2),\cdots,x_i(n)\}$ 为相关因素序列，则：

$$X_0^0=\{x_0^0(1),x_0^0(2),\cdots,x_0^0(n)\}$$

$$X_i^0=\{x_i^0(1),x_i^0(2),\cdots,x_i^0(n)\}$$

它们分别是 X_0 和 X_i 的始点化像，即：$x_0^0=x_0(k)-x_0(1)$ 和 $x_i^0(k)=x_i(k)-x_i(1)$。则：

$$|s_0|=\left|\sum_{k=2}^{n-1}x_0^0(k)+\frac{1}{2}x_0^0(n)\right| \tag{4-1}$$

$$|s_i|=\left|\sum_{k=2}^{n-1}x_i^0(k)+\frac{1}{2}x_i^0(n)\right| \tag{4-2}$$

$$|s_i-s_0|=\left|\sum_{k=2}^{n-1}[x_i^0(k)-x_0^0(k)]+\frac{1}{2}[x_i^0(n)-x_0^0(n)]\right| \tag{4-3}$$

$$\varepsilon_{0i}=\frac{1+|s_0|+|s_i|}{1+|s_0|+|s_i|+|s_i-s_0|} \tag{4-4}$$

ε_{0i} 是 X_0 和 X_i 之间的灰色绝对关联度。根据 GGRA，灰色绝对关联度主要的性质包括：$0<\varepsilon_{0i}\leqslant 1$；$\varepsilon_{0i}$ 只与 X_0 和 X_i 的几何性质有关；$\varepsilon_{0i}\neq 0$，因为 X_0 和 X_i 无关；X_0 或 X_i 的任何变化都将改变 ε_{0i}；$\varepsilon_{00}=\varepsilon_{ii}=1$ 和 $\varepsilon_{0i}=\varepsilon_{i0}$。

（2）灰色相对关联度

令：

$$\boldsymbol{X}_i'=\{x_i'(1),x_i'(2),\cdots,x_i'(n)\}=\left\{\frac{x_i(1)}{x_i(1)},\frac{x_i(2)}{x_i(1)},\cdots,\frac{x_i(n)}{x_i(1)}\right\} \tag{4-5}$$

那么，$\boldsymbol{X}_i'$ 的始点化像为：

$$\begin{aligned}\boldsymbol{X}_i'^0&=\{x_i'(1)-x_i'(1),x_i'(2)-x_i'(1),\cdots,x_i'(n)-x_i'(1)\}\\&=\{x_i'^0(1),x_i'^0(2),\cdots,x_i'^0(n)\}\end{aligned} \tag{4-6}$$

$$|s_i'|=\left|\sum_{k=2}^{n-1}x_0'^0(k)+\frac{1}{2}x_0'^0(n)\right| \tag{4-7}$$

$$|s_i'-s_0'|=\left|\sum_{k=2}^{n-1}[x_i'^0(k)-x_0'^0(k)]+\frac{1}{2}[x_i'^0(n)-x_0'^0(n)]\right| \tag{4-8}$$

$$\gamma_{0i}=\frac{1+|s_0'|+|s_i'|}{1+|s_0'|+|s_i'|+|s_i'-s_0'|} \tag{4-9}$$

γ_{0i} 是 X_0 和 X_i 之间的灰色相对关联度。根据 GGRA，灰色相对关联度主要的性质包括：$0 < \gamma_{0i} < 1$；γ_{0i} 只与 X_0 和 X_i 相对于起始点的变化率有关，而与个别数据无关；$\gamma_{0i} \neq 0$，因为 X_0 的变化率并不完全独立于 X_i；X_0 或 X_i 的任何变化都将改变 γ_{0i}；$\gamma_{00} = \gamma_{ii} = 1$ 和 $\gamma_{0i} = \gamma_{i0}$；如 X_0 和 X_i 的长度相同，并且它们的初始值不是 0，如果 $X_0 = cX_i$（$c > 0$ 并且是一个常数），那么 $\gamma_{0i} = 1$。

（3）灰色综合关联度

令：

$$\rho_{0i} = \theta\varepsilon_{0i} + (1-\theta)\gamma_{0i} \tag{4-10}$$

ρ_{0i} 是 X_0 和 X_i 之间的灰色综合关联度，$\theta \in [0,1]$。一般来说，$\theta = 0.5$。灰色综合关联度不仅反映了 X_0 和 X_i 的相似程度，而且反映了它们相对于起始点变化率的相似程度，可以综合反映序列之间的关系。为了便于比较，可以将 ρ_{0i} 标准化：

$$\omega_{0i} = \frac{\rho_{0i}}{\sum_{i=1}^{n}\rho_{0i}} \tag{4-11}$$

根据灰色综合相关的定义，还可以得到条件属性 $R(\alpha_i, \alpha_j)$ 之间的关系，其中 $i,j = 1,2,\cdots,n$。

4.2.2 DEMATEL

DEMATEL 是由 Battelle Memorial Institute 日内瓦研究中心开发的。DEMATEL 有三个优点：首先，它在不收集大量数据的情况下揭示了多个因素之间的相互关系。其次，它能够将因素之间的因果关系转化为一个可视化的结构模型。最后，它可以在一组因素内处理内部依赖关系。尽管存在人为偏差、不完全信息和不确定性，但 DEMATEL 在供应链、知识管理、声誉管理等领域得到了广泛的应用[129]。DEMATEL 的主要步骤如下[130]：

***Step* 1.** 系统各个要素之间直接关系矩阵的确定

$$\mathbf{Y} = \begin{bmatrix} y_{11} & \cdots & y_{1j} \\ \vdots & \ddots & \vdots \\ y_{i1} & \cdots & y_{ij} \end{bmatrix} \tag{4-12}$$

其中 y_{ij} 是第 i 个要素和第 j 个要素之间的相关关系，$i,j=1,2,\cdots,n$。一般来说，$\boldsymbol{Y}$ 可以借助专家意见确定。

***Step* 2.** 直接关系矩阵 $\boldsymbol{Y}$ 的规范化

$$\boldsymbol{G}=\frac{\boldsymbol{Y}}{\max\limits_{0\leqslant i\leqslant n}\sum_{j=1}^{n}y_{ij}}=(g_{ij})_{n\times n} \tag{4-13}$$

式中，$i,j=1,2,\cdots,n$。根据式（4－13），$\boldsymbol{Y}$ 可以归一化。

***Step* 3.** 计算综合影响矩阵 $\boldsymbol{Z}$

$$\boldsymbol{Z}=\boldsymbol{G}(\boldsymbol{E}-\boldsymbol{G})^{-1} \tag{4-14}$$

***Step* 4.** 按式（4－15）～式（4－18）计算影响权重

$$\boldsymbol{A}_i=\sum_{j=1}^{n}\boldsymbol{Z}_{ij} \tag{4-15}$$

$$\boldsymbol{B}_i=\sum_{i=1}^{n}\boldsymbol{Z}_{ij} \tag{4-16}$$

$$\boldsymbol{M}=\boldsymbol{A}_i+\boldsymbol{B}_i=\sum_{j=1}^{n}\boldsymbol{Z}_{ij}+\sum_{i=1}^{n}\boldsymbol{Z}_{ij} \tag{4-17}$$

$$\boldsymbol{U}=\boldsymbol{A}_i-\boldsymbol{B}_i=\sum_{j=1}^{n}\boldsymbol{Z}_{ij}-\sum_{i=1}^{n}\boldsymbol{Z}_{ij} \tag{4-18}$$

$\boldsymbol{A}$ 表示该属性对其他属性的综合影响程度。影响程度 $\boldsymbol{B}$ 表示其他属性的综合影响。中心度 $\boldsymbol{M}$ 表示该属性在系统中的重要性。因果度 $\boldsymbol{U}$ 表示焦点属性与其他属性之间的因果逻辑关系。如果 $\boldsymbol{U}>0$，则焦点属性对其他属性影响较大，称为原因属性；如果 $\boldsymbol{U}<0$，则焦点属性受其他属性影响较大，称为结果属性。

4.3　SCLI 协同网络结构优化模型

4.3.1　SCLI 决策假设

供应链物流决策本质上是依靠 SCLI 网络节点提供的各种数据做出决策，因此，可以假设 SCLI 决策为决策信息系统（Decision Information System，DIS），通常情况下 ***DIS*** 是一个 4 元组 $\boldsymbol{DIS}=(U,AT,V,f)$ [131]，其中，$\boldsymbol{U}$ 为研究对象的一个非空的有限集合，也称为广域，$\boldsymbol{U}=\{u_1,u_2,\cdots,u_n\}$；$\boldsymbol{AT}$ 为研究对象的非空有限属性集，$\boldsymbol{AT}=\boldsymbol{C}\cup\boldsymbol{U}$，$\boldsymbol{C}=\{\alpha_1,\alpha_2,\cdots,\alpha_n\}$ 是条件

属性集，$\boldsymbol{D}=\{d\}$ 是决策属性集，$\forall \alpha \in \boldsymbol{AT}$；$\boldsymbol{V}=\bigcup_{\alpha \in A} V_{\alpha}$，$V_{\alpha}$ 代表属性的取值范围，α 和 $\bigcup_{\alpha \in A} V_{\alpha}$ 是 $\boldsymbol{AT}$ 的域；$\boldsymbol{U} \times \boldsymbol{AT} \rightarrow \boldsymbol{V}$ 是一个信息函数，$\forall \alpha \in \boldsymbol{AT}$，$x \in U$，$f(u,\alpha) \in V_{\alpha}$。

在实际应用中，$\boldsymbol{DIS}=(\boldsymbol{U},\boldsymbol{AT},\boldsymbol{V},\boldsymbol{f})$ 通常可以用一个二元组 $\boldsymbol{DIS}=(\boldsymbol{U},\boldsymbol{AT})$ 或 $\boldsymbol{DIS}=(\boldsymbol{U},\boldsymbol{C} \cup \boldsymbol{D})$ 表示。$\boldsymbol{DIS}$ 的数据可以在一个二维关系表（也称为决策表）中表示（例如表 4-1），其中条件属性集为 $\boldsymbol{C}=\{\alpha_1,\alpha_2,\cdots,\alpha_n\}$，决策属性集为 $\boldsymbol{D}=\{d\}$，广域 $\boldsymbol{U}=\{u_1,u_2,\cdots,u_n\}$。决策表的一行对应一次决策，*SCLI* 网络节点的信息通过指定对象的属性值来表示。

表 4-1　*DIS* 实例

$\boldsymbol{U}$	α_1	α_2	α_3	α_4	d
u_1	1	0.8	7	5	2
u_2	3	0.5	6	6	1
u_3	2	1.3	5	2	6
u_4	5	1.8	1	3	8

如果 $\boldsymbol{DIS}=(\boldsymbol{U},\boldsymbol{C} \cup \boldsymbol{D})$ 由 n 个条件属性（$\boldsymbol{C}=\{\alpha_1,\alpha_2,\cdots,\alpha_n\}$）和一个决策属性（$\boldsymbol{D}=\{d\}$）组成，则根据具有 m 个决策对象（或样本）的决策表，可以得到如下决策关系矩阵：

$$
\begin{array}{cc}
 & \begin{array}{cccc} \alpha_1 & \cdots & \alpha_n & d \end{array} \\
\boldsymbol{DIS}=\begin{array}{c} u_1 \\ \vdots \\ u_m \end{array} & \begin{bmatrix} \alpha_1(1) & \cdots & \alpha_n(1) & d(1) \\ \vdots & \ddots & \vdots & \vdots \\ \alpha_1(m) & \cdots & \alpha_n(m) & d(m) \end{bmatrix}
\end{array} \tag{4-19}
$$

式（4-19）包含每个决策的条件和决策信息。虽然可以用不同的方式描述，但不同条件信息之间存在着复杂的相互关系。在物流信息决策过程中，应该既要考虑条件属性对决策属性的重要性，又要考虑条件属性之间的相关性。

4.3.2　灰色系统理论与信息网络节点重要度

4.3.2.1　灰色系统理论

我国学者邓聚龙教授在 1982 年首次提出了灰色系统理论[132]。经过几十年的发展，现在的灰色系统理论应用范围已经扩展到工业、农业、社会、经济等科学技术领域，成功解决了很多实际问题。

白色系统、黑色系统和灰色系统是灰色系统理论的三个基本概念，其中白色系统是指信息完全明确的系统，黑色系统则指信息完全未知的系统，而灰色系统是指部分信息明确、同时有部分信息不明确的系统。白色、黑色以及灰色是相对的概念，世界上既不存在绝对的白色系统，因为任何系统总有一些不知道的信息，也不存在绝对的黑色系统，因为既然该系统完全未知，也就可以认为该系统是不存在的，而灰色系统普遍存在于工程技术、社会、经济等系统中。

关联度是至少两个因素或系统之间关联性的大小，可以用来描述因素或系统之间的相对变化，包括变化的大小、趋势、速度等。如果两者变化一致，则关联度高，否则关联度低。而灰色关联分析就是运用关联度来测度因素变量和行为变量之间的关联程度，进而确定系统影响因素的主次地位[133]。

灰色关联分析本质上是一种因素分析方法，但与传统的数理统计分析方法（如回归分析、主成分分析等）需要大量的服从典型分布的样本数据不同，灰色关联分析对样本数量及样本分布要求较低，且总体计算量小，同时，量化分析的结果与定性分析的结果一致。

灰色关联分析的基本思想是根据序列曲线的几何形状相似程度来判断其联系是否紧密。曲线越接近，相应序列之间的关联度就越大，反之亦然。例如，某系统包含 M、A、B 三种因素，它们在 2015—2020 年的年度数据曲线如图 4－1 所示。在图 4－1 中，M 的曲线与 A 的曲线趋势较为接近，因此，M 因素与 A 因素的关联度较大。然而，对于涉及因素较多的复杂问题，很难用这种直观的方法确定因素之间的关联关系，这就需要有一种衡量因素之间关联度的计算方法。

4.3.2.2　SCLI 协同网络节点重要度

在智能制造环境下，SCLI 呈现多源化、异构化、海量化态势，给 SCLI 协同的有效管理带来巨大挑战。在 SCLI 协同网络中的所有物流信息网络节点提供的信息都会对物流决策产生一定的影响，显然这些节点信息对决策结果影响程度并不相同，其中重要网络节点的信息对物流决策的影响大，而次

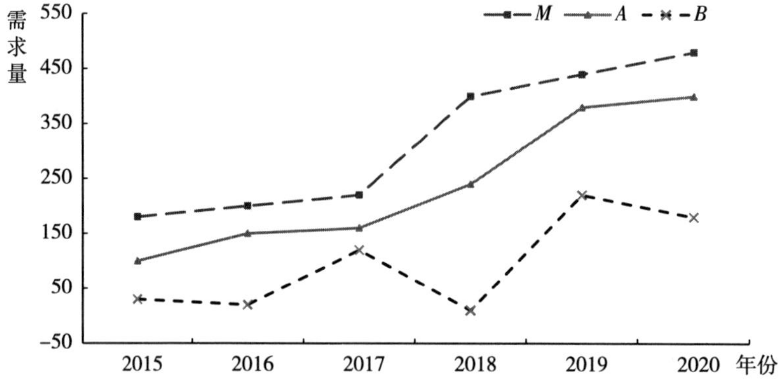

图 4-1　数据曲线

要网络节点的信息对物流决策的影响较小。在灰色系统理论中，用灰色关联度来衡量因素直接的关联程度，灰色关联度较高，因素之间的关联程度越大。

4.3.2.3　基于 GGRA 的 SCL 协同网络节点重要度

根据灰色系统理论，在 GGRA 中，用灰色综合关联度来衡量因素直接的关联程度，灰色综合关联度较高，因素之间的关联程度越大。因此，供应链物流网络节点重要度 $IMP_{fin}(\alpha_i, d)$ 可以定义为各网络节点信息与物流决策的灰色综合关联程度，即：

$$IMP_{fin}(\alpha_i, d) = \omega_{0i} \tag{4-20}$$

$IMP_{fin}(\alpha_i, d)$ 越大，网络节点信息与物流决策的关联性越强，说明该网络节点信息对物流决策的影响显著，所以该网络节点的重要度越高；相反，$IMP_{fin}(\alpha_i, d)$ 越小，网络节点信息与物流决策的关联性越弱，说明该网络节点信息对物流决策的影响越不显著，所以该网络节点的重要度越低。

4.3.3　协同网络结构优化模型

广义灰色关联分析（Generalized Grey Relational Analysis，GGRA）是一种确定系统中各因素之间相关性的分析方法，它克服了统计序列的不连续性问题，不需要将数据的起始点重置为零，可以直接计算原始序列，计算比较简单，数据处理比较准确。而决策试验和评价实验室方法（Decision Making Trial and Evaluation Laboratory，DEMATEL）是建立和分析复杂因素之间因果关系的结构模型的综合方法。

SCLI 协同网络优化的核心内容是对 SCLI 协同网络中的网络管理节点重要度进行评估。本研究结合 GGRA 和 DEMATEL 的优点，提出基于 GGRA 和 DEMATEL 的 SCLI 网络节点重要度评价方法，进而构建 SCLI 协同网络优化模型，主要步骤如图 4-2 所示。

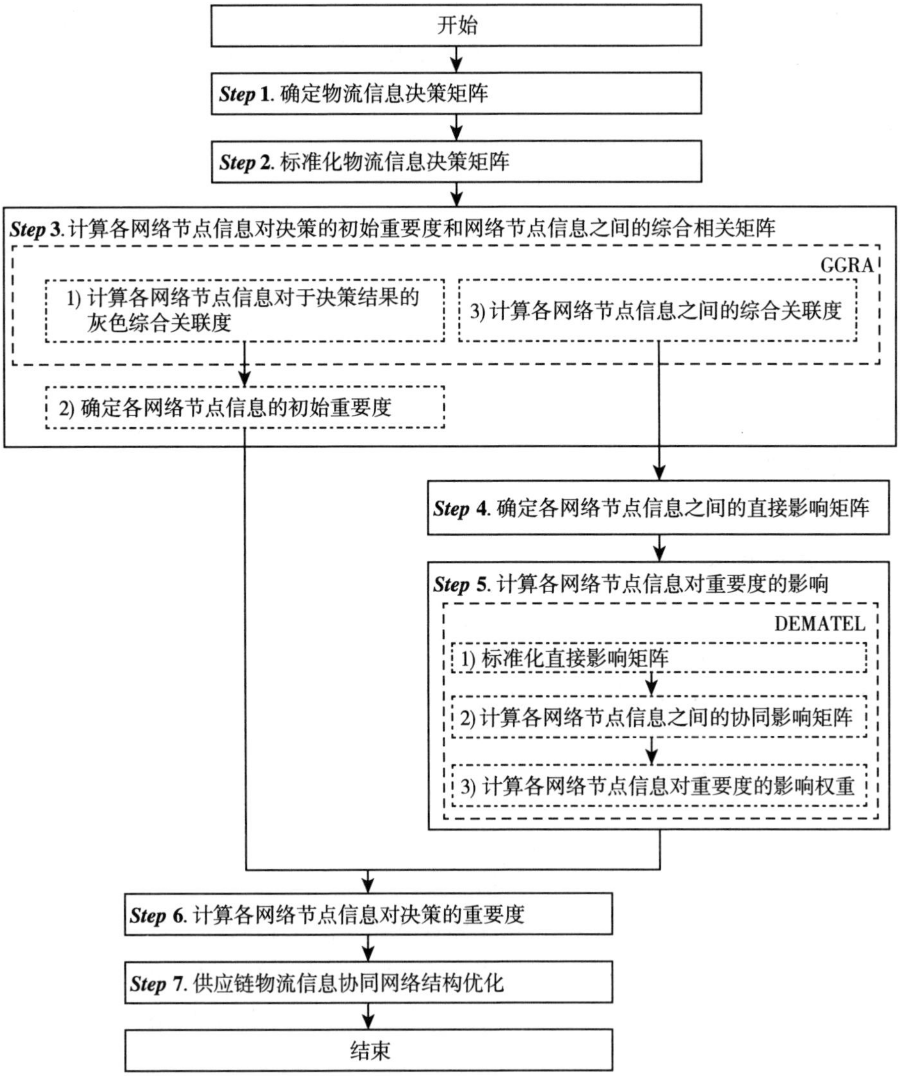

图 4-2　SCLI 协同网络优化模型

***Step* 1.** 确定物流信息决策矩阵

从 SCLI 决策表可以得到物流信息决策矩阵 **AT**：

$$\boldsymbol{AT}=\begin{bmatrix}\alpha_1(1) & \cdots & \alpha_n(1) & d(1)\\ \vdots & \ddots & \vdots & \vdots\\ \alpha_1(m) & \cdots & \alpha_n(m) & d(m)\end{bmatrix} \tag{4-21}$$

***Step* 2.** 标准化物流决策矩阵

通常情况下，各个决策属性值的单位不同，不能直接进行对比，为了更好地反映属性之间的真实关系，需要规范化矩阵 **AT**，即将矩阵 **AT** 规范化。规范后的矩阵 **N** 如式（4-22），$x_i(j)\in[0,1]$。如果各个决策属性值单位相同，则 $\boldsymbol{N}=\boldsymbol{AT}$，可以直接执行下一步。

$$\boldsymbol{N}=\begin{bmatrix}x_1(1) & \cdots & x_n(1) & x_0(1)\\ \vdots & \ddots & \vdots & \vdots\\ x_1(m) & \cdots & x_n(m) & x_0(m)\end{bmatrix} \tag{4-22}$$

其中 $x_i(j)$ 是属性的规范化值，$i=1,2,\cdots,n$，$j=1,2,\cdots,m$。

***Step* 3.** 计算各网络节点信息对决策的初始重要度和网络节点信息之间的综合相关矩阵

根据 SCLI 网络节点重要度的定义和式（4-11），利用 GGRA 可以得到 $IMP_{ini}(\alpha_i,d)$。此外，利用 GGRA 可以由 **N** 计算出各个网络节点之间的综合相关度 $R(\alpha_i,\alpha_j)$。

***Step* 4.** 确定各网络节点信息之间的直接影响矩阵

根据各网络节点信息之间的综合相关度定义，网络节点信息的直接关系矩阵 **Y** 等于各网络节点信息之间的综合相关矩阵：

$$\boldsymbol{Y}=\begin{bmatrix}y_{11} & \cdots & y_{1i}\\ \vdots & \ddots & \vdots\\ y_{i1} & \cdots & y_{ii}\end{bmatrix}=\boldsymbol{R}=\begin{bmatrix}R(\alpha_1,\alpha_1) & \cdots & R(\alpha_1,\alpha_i)\\ \vdots & \ddots & \vdots\\ R(\alpha_i,\alpha_1) & \cdots & R(\alpha_i,\alpha_i)\end{bmatrix} \tag{4-23}$$

***Step* 5.** 计算各网络节点信息对重要度的影响

利用 DEMATEL 方法，由 **Y** 计算各网络节点信息间的综合影响矩阵 **Z**，并得到影响程度 **A**、影响程度 **B**、中心度 **M** 和因果度 **U**，从而深入分析网络节点信息之间的相互关系。此外，可以利用式（4-24）计算各网络节点信息对重要度的影响。

$$IMP_{in-N}(\alpha_i,d)=\frac{z_{ij}[IMP_{ini}(\alpha_i,d)]^{\mathrm{T}}}{\sum\limits_{j=1}^{n}\{z_{ij}[IMP_{ini}(\alpha_i,d)]^{\mathrm{T}}\}} \tag{4-24}$$

***Step* 6.** 计算各网络节点信息对决策的重要度

利用式（4-25）计算各网络节点的最终重要度。

$$IMP_{fin}(\alpha_i,d)=\alpha IMP_{ini}(\alpha_i,d)+(1-\alpha)IMP_{in-N}(\alpha_i,d) \tag{4-25}$$

式中 $0\leqslant\alpha\leqslant1$。当 $\alpha=0$ 时，不考虑初始重要性；当 $\alpha=1$ 时，不考虑影响重要性。一般情况下，取 $\alpha=0.5$。

***Step* 7.** 供应链物流信息协同结构优化

根据灰色系统理论，SCLI 网络节点信息对决策结果的关联度愈大，则该节点重要度愈大，在决策时应当予以重视。基于此理念，可以对 SCLI 网络结构进行优化。优化方法有如下两种：

（1）根据确定的阈值进行优化

根据实际 SCLI 决策需要，确定一个阈值 t，如果 $IMP_{fin}(\alpha_i,d)\geqslant t$，$\alpha_i$ 信息对应的节点可以优先确定为关键节点，在进行 SCLI 网络协同时应当予以重点考虑；如果 $IMP_{fin}(\alpha_i,d)<t$，α_i 信息对应的节点在进行 SCLI 网络协同时可不予以考虑。

（2）根据重要性排序进行优化

根据 SCLI 网络节点信息的重要性对所有节点按重要性从大到小进行排序，并根据所需节点的数量从大到小进行选择。排在前面的网络节点对供应链物流决策具有重要意义，可以优先确定为关键节点，在进行 SCLI 网络协同时应当予以重点考虑。

4.4　实例验证

4.4.1　算例分析

本章采用文献[134]中的数据对基于节点重要度的 SCLI 网络协同优化进行案例分析。该文献中的决策表如表 4-2 所示。

在表 4-2 中，$\boldsymbol{U}=\{u_1,u_2,u_3,u_4,u_5,u_6,u_7,u_8,u_9,u_{10}\}$，对应于供应链物流的 10 次决策，$\boldsymbol{C}=\{\alpha_1,\alpha_2,\alpha_3,\alpha_4,\alpha_5,\alpha_6,\alpha_7,\alpha_8,\alpha_9\}$，对应于 SCLI 网络的 9 个节点提供的信息，$\boldsymbol{D}=\{d\}$ 对应于决策结果。

表 4-2 决策表

U	α_1	α_2	α_3	α_4	α_5	α_6	α_7	α_8	α_9	d
u_1	1	1	2	2	3	4	5	5	4	5
u_2	2	2	2	3	3	4	5	4	5	4
u_3	3	3	3	4	3	5	5	5	4	5
u_4	1	1	2	2	3	4	4	4	5	3
u_5	1	2	2	3	2	3	4	5	5	4
u_6	2	2	2	3	4	3	5	5	5	3
u_7	1	1	2	3	3	5	4	4	5	3
u_8	2	3	3	4	4	4	5	5	4	4
u_9	1	2	2	3	4	3	5	5	5	5
u_{10}	1	1	2	3	3	4	5	5	5	4

***Step* 1.** 确定物流信息决策矩阵

根据决策表（表 4-2），得到 SCLI 决策关系矩阵：

$$\boldsymbol{AT}=\begin{bmatrix}1&1&2&2&3&4&5&5&4&5\\2&2&2&3&3&4&5&4&5&4\\3&3&3&4&3&5&5&5&4&5\\1&1&2&2&3&4&4&4&5&3\\1&2&2&3&2&3&4&5&5&4\\2&2&2&3&4&3&5&5&5&3\\1&1&2&3&3&5&4&4&5&3\\2&3&3&4&4&4&5&5&4&4\\1&2&2&3&4&3&5&5&5&5\\1&1&2&3&3&4&5&5&5&4\end{bmatrix}$$

***Step* 2.** 标准化物流决策矩阵

因为网络节点信息的单位都是相同的，即 $\boldsymbol{N}=\boldsymbol{AT}$，所以可以直接进行下一步。

***Step* 3.** 计算各网络节点信息对决策的初始重要度和各网络节点信息之间的综合相关矩阵

（1）计算灰色综合关联度

令：

$$\boldsymbol{X}_0=\{x_0(1),x_0(2),\cdots,x_0(n)\}=\{5,4,5,3,4,3,3,4,5,4\}$$

$$X_1 = \{1,2,3,1,1,2,1,2,1,1\}$$

$$X_2 = \{1,2,3,1,2,2,1,3,2,1\}$$

$$X_3 = \{2,2,3,2,2,2,2,3,2,2\}$$

$$X_4 = \{2,3,4,2,3,3,3,4,3,3\}$$

$$X_5 = \{3,3,3,3,2,4,3,4,4,3\}$$

$$X_6 = \{4,4,5,4,3,3,5,4,3,4\}$$

$$X_7 = \{5,5,5,4,4,5,4,5,5,5\}$$

$$X_8 = \{5,4,5,4,5,5,4,5,5,5\}$$

$$X_9 = \{4,5,4,5,5,5,5,4,5,5\}$$

根据式（4-1）～式（4-11），各网络节点信息之间的灰色绝对关联度、灰色相对关联度和灰色综合关联度可获得如下结果：

$$\boldsymbol{\varepsilon}_{0i} = \{0.7750,0.9250,0.6250,1.0000,0.6250,0.5750,0.6750,0.6750,0.8500\}$$

$$\boldsymbol{\gamma}_{0i} = \{0.7182,0.6412,0.8125,0.7286,0.7431,0.6563,0.7292,0.7292,0.9427\}$$

$$\boldsymbol{\rho}_{0i} = \{0.7466,0.7831,0.7188,0.8643,0.6840,0.6156,0.7021,0.7021,0.8964\}$$

（2）计算初始重要度

根据式（4-11）和式（4-20），各网络节点信息的初始重要度为：

$$\boldsymbol{IMP}_{ini}(\alpha_i,d) = \{0.1112,0.1167,0.1071,0.1288,0.1019,0.0917,0.1046,0.1046,0.1335\}$$

（3）计算各网络节点信息之间的广义灰色综合关联

与初始重要性类似，根据 GGRA，可以获得 α_i 和 α_j 之间的改进广义灰色综合关联度 $\boldsymbol{R}(\alpha_i,\alpha_j)(i,j=1,2,\cdots,n)$，如表 4-3 所示。

表 4-3　直接关系数据

	α_1	α_2	α_3	α_4	α_5	α_6	α_7	α_8	α_9
α_1	1.000 0	0.411 8	0.318 2	0.488 6	0.303 0	0.284 1	0.300 0	0.300 0	0.346 6
α_2	0.379 4	1.000 0	0.294 1	0.404 4	0.284 3	0.272 1	0.282 4	0.282 4	0.312 5
α_3	0.379 4	0.500 0	1.000 0	0.321 4	0.444 4	0.375 0	0.433 3	0.433 3	0.426 5
α_4	0.338 2	0.420 5	0.420 5	1.000 0	0.618 1	0.573 2	0.639 9	0.639 9	0.776 2

（续）

	α_1	α_2	α_3	α_4	α_5	α_6	α_7	α_8	α_9
α_5	0.387 3	0.485 7	0.485 7	0.410 7	1.000 0	0.410 7	0.485 7	0.485 7	0.387 3
α_6	0.351 2	0.302 4	0.302 4	0.285 7	0.305 6	1.000 0	0.420 5	0.420 5	0.338 2
α_7	0.426 5	0.433 3	0.433 3	0.375 0	0.444 4	0.633 9	1.000 0	0.500 0	0.379 4
α_8	0.312 5	0.282 4	0.282 4	0.272 1	0.284 3	0.866 9	0.294 1	1.000 0	0.379 4
α_9	0.346 6	0.300 0	0.300 0	0.284 1	0.303 0	0.876 1	0.318 2	0.823 5	1.000 0

***Step* 4.** 确定各网络节点信息之间的直接影响矩阵

根据各网络节点信息之间的改进广义灰色综合关联的定义，直接影响矩阵 $\boldsymbol{Y}$ 等于各网络节点信息之间的改进广义灰色综合关联度：

$$\boldsymbol{Y}=\begin{bmatrix} 1 & 0.411\,8 & 0.318\,2 & 0.488\,6 & 0.303\,0 & 0.284\,1 & 0.300\,0 & 0.300\,0 & 0.346\,6 \\ 0.379\,4 & 1 & 0.294\,1 & 0.404\,4 & 0.284\,3 & 0.272\,1 & 0.282\,4 & 0.282\,4 & 0.312\,5 \\ 0.379\,4 & 0.500\,0 & 1 & 0.321\,4 & 0.444\,4 & 0.375\,0 & 0.433\,3 & 0.433\,3 & 0.426\,5 \\ 0.338\,2 & 0.420\,5 & 0.420\,5 & 1 & 0.618\,1 & 0.573\,2 & 0.639\,9 & 0.639\,9 & 0.776\,2 \\ 0.387\,3 & 0.485\,7 & 0.485\,7 & 0.410\,7 & 1 & 0.410\,7 & 0.485\,7 & 0.485\,7 & 0.387\,3 \\ 0.351\,2 & 0.302\,4 & 0.302\,4 & 0.285\,7 & 0.305\,6 & 1 & 0.420\,5 & 0.420\,5 & 0.338\,2 \\ 0.426\,5 & 0.433\,3 & 0.433\,3 & 0.375\,0 & 0.444\,4 & 0.633\,9 & 1 & 0.500\,0 & 0.379\,4 \\ 0.312\,5 & 0.282\,4 & 0.282\,4 & 0.272\,1 & 0.284\,3 & 0.866\,9 & 0.294\,1 & 1 & 0.379\,4 \\ 0.346\,6 & 0.300\,0 & 0.300\,0 & 0.284\,1 & 0.303\,0 & 0.876\,1 & 0.318\,2 & 0.823\,5 & 1 \end{bmatrix}$$

***Step* 5.** 计算各网络节点信息对重要度的影响

（1）矩阵规范化

归一化矩阵 $\boldsymbol{G}$ 为：

$$\boldsymbol{G}=\begin{bmatrix} 0.184\,3 & 0.075\,9 & 0.058\,6 & 0.090\,0 & 0.055\,8 & 0.052\,4 & 0.055\,3 & 0.055\,3 & 0.063\,9 \\ 0.069\,9 & 0.184\,3 & 0.052\,4 & 0.074\,5 & 0.052\,4 & 0.050\,1 & 0.052\,0 & 0.052\,0 & 0.057\,6 \\ 0.069\,9 & 0.092\,1 & 0.184\,3 & 0.059\,2 & 0.081\,9 & 0.069\,1 & 0.079\,9 & 0.079\,9 & 0.078\,6 \\ 0.062\,3 & 0.077\,5 & 0.077\,5 & 0.184\,3 & 0.113\,9 & 0.105\,6 & 0.117\,9 & 0.117\,9 & 0.143\,0 \\ 0.071\,4 & 0.089\,5 & 0.089\,5 & 0.075\,7 & 0.184\,3 & 0.075\,7 & 0.089\,5 & 0.089\,5 & 0.071\,4 \\ 0.064\,7 & 0.055\,7 & 0.055\,7 & 0.052\,7 & 0.056\,3 & 0.184\,3 & 0.077\,5 & 0.077\,5 & 0.062\,3 \\ 0.078\,6 & 0.079\,9 & 0.079\,9 & 0.069\,1 & 0.081\,9 & 0.116\,8 & 0.184\,3 & 0.092\,1 & 0.069\,9 \\ 0.057\,6 & 0.052\,0 & 0.052\,0 & 0.050\,1 & 0.052\,4 & 0.159\,8 & 0.054\,2 & 0.184\,3 & 0.069\,9 \\ 0.063\,9 & 0.055\,3 & 0.055\,3 & 0.052\,4 & 0.055\,8 & 0.161\,5 & 0.058\,6 & 0.151\,8 & 0.184\,3 \end{bmatrix}$$

（2）各网络节点信息之间综合影响矩阵的计算

由式（4－14）得综合影响矩阵 $\boldsymbol{Z}$：

$$
\boldsymbol{Z}=\begin{bmatrix}
0.4471 & 0.3380 & 0.2964 & 0.3371 & 0.3036 & 0.3953 & 0.3171 & 0.3674 & 0.3430\\
0.2994 & 0.4389 & 0.2724 & 0.2993 & 0.2796 & 0.3650 & 0.2922 & 0.3381 & 0.3102\\
0.3552 & 0.3791 & 0.4752 & 0.3382 & 0.3712 & 0.4703 & 0.3853 & 0.4445 & 0.3959\\
0.4282 & 0.4636 & 0.4361 & 0.5530 & 0.4948 & 0.6465 & 0.5228 & 0.6066 & 0.5701\\
0.3744 & 0.4123 & 0.3880 & 0.3702 & 0.5401 & 0.5040 & 0.4172 & 0.4791 & 0.4077\\
0.3066 & 0.3060 & 0.2874 & 0.2834 & 0.2969 & .05425 & 0.3379 & 0.3879 & 0.3290\\
0.3870 & 0.4029 & 0.3787 & 0.3650 & 0.3924 & 0.5600 & 0.5256 & 0.4864 & 0.4088\\
0.3107 & 0.3133 & 0.2943 & 0.2915 & 0.3039 & 0.5449 & 0.3238 & 0.5252 & 0.3526\\
0.3571 & 0.3586 & 0.3351 & 0.3308 & 0.3461 & 0.6105 & 0.3697 & 0.5490 & 0.5250
\end{bmatrix}
$$

（3）计算各网络节点信息对重要度的影响权重

根据 $\boldsymbol{Z}$，可以计算出各网络节点信息对决策重要度的影响见表 4－4。由表 4－4 可知，$\boldsymbol{M}_4>\boldsymbol{M}_6>\boldsymbol{M}_8>\boldsymbol{M}_9>\boldsymbol{M}_7>\boldsymbol{M}_5>\boldsymbol{M}_3>\boldsymbol{M}_1>\boldsymbol{M}_2$。所以在所有网络节点信息中，$\alpha_4$ 是最重要的，其次是 α_6、α_8、α_9、α_7、α_5、α_3、α_1 和 α_2。从表 4－4 也可以得到，$\boldsymbol{U}_4>\boldsymbol{U}_5>\boldsymbol{U}_3>\boldsymbol{U}_7>\boldsymbol{U}_9>0$ 是原因信息，对其他属性影响较大。而 $\boldsymbol{U}_6<\boldsymbol{U}_8<\boldsymbol{U}_2<\boldsymbol{U}_1<0$ 是结果信息，受其他属性影响较大。因此，各网络节点信息之间的相互关系必然会影响其对决策属性 d 的重要性，在确定其对决策属性的重要性时必须考虑这些相互关系。

表 4－4　影响权重

属性	α_1	α_2	α_3	α_4	α_5	α_6	α_7	α_8	α_9
$\boldsymbol{A}$	3.142 4	2.896 1	3.627 7	4.721 7	3.857 0	3.077 5	3.906 8	3.260 1	3.780 1
$\boldsymbol{B}$	3.265 7	3.429 6	3.163 5	3.163 1	3.292 7	4.639 1	3.491 7	4.184 3	3.639 7
$\boldsymbol{M}$	6.408 1	6.325 7	6.791 2	7.884 9	7.149 7	7.716 6	7.398 5	7.444 4	7.419 8
$\boldsymbol{U}$	−0.123 2	−0.533 6	0.464 2	1.558 6	0.564 3	−1.561 6	0.415 1	−0.924 2	0.140 4

根据 $\boldsymbol{Z}$、$\boldsymbol{IMP}(\alpha_i,d)$，可以计算出各个网络节点信息之间对重要性的相互影响权重为：

$$
\boldsymbol{IMP}_{in-N}(\alpha_i,d)=\{0.0979, 0.0903, 0.1124, 0.1471, 0.1193, 0.0947, 0.1207, 0.1003, 0.1173\}
$$

***Step* 6.** 计算各网络节点信息对决策的重要度

计算出各网络节点信息对决策结果的最终重要度为：

$$IMP_{fin}(\alpha_i, d) = \{0.104\,6, 0.103\,5, 0.109\,8, 0.137\,9, 0.110\,6, 0.093\,2, 0.112\,6, 0.102\,4, 0.125\,4\}$$

***Step* 7.** 供应链物流信息协同结构优化

（1）根据确定的阈值进行优化

不同阈值 t 情况下的 SCLI 网络决策优化结果如表 4-5 所示。该算法可以根据合理的阈值 t 确定关键节点，其与算法 GGRA 和 GRA 的比较见图 4-3，该算法具有较好的区分性。

表 4-5　关键网络节点集合

t	GGRA	本章方法	GRA
0.090 0	{1,2,3,4,5,6,7,8,9}	{1,2,3,4,5,6,7,8,9}	{1,2,3,4,5,6,7,8,9}
0.100 0	{1,2,3,4,5,7,8,9}	{1,2,3,4,5,7,8,9}	{1,2,3,4,5,6,7,8,9}
0.110 0	{4,5,7,9}	{1,2,4,9}	{1,2,4,5,6,9}
0.120 0	{9}	{4,9}	—
0.130 0	{9}	{9}	—
0.140 0	—	—	—

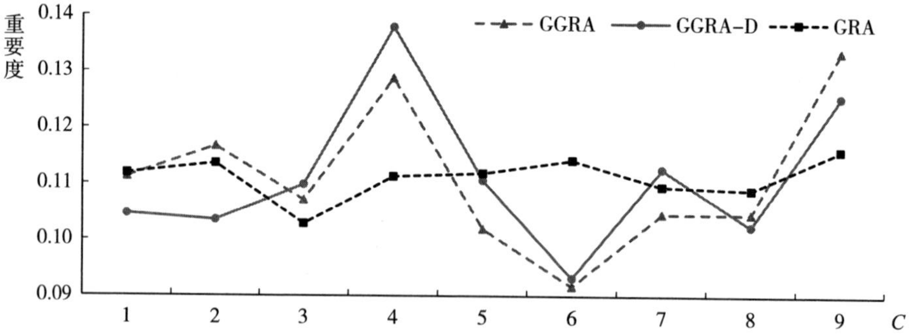

图 4-3　不同方法的对比

（2）根据重要度排序进行优化

根据 ***Step* 6** 的计算结果，可以将该 SCLI 网络节点的重要度进行排序，各网络节点重要度从大到小的排序为：

$$\alpha_4 > \alpha_9 > \alpha_7 > \alpha_5 > \alpha_3 > \alpha_1 > \alpha_2 > \alpha_8 > \alpha_6$$

排在前面的网络节点信息对供应链物流决策具有重要意义，可以优先确定为关键节点。

算例分析结果表明，在智能制造环境下混流生产的 SCLI 协同网络结构优化中可以利用该优化模型实现降低信息交换成本和决策复杂度，达到对 SCLI 协同网络结构进行优化的目的。

4.4.2　对比实验

4.4.2.1　正确性比较

为了验证所提出方法的正确性，利用加州大学欧文（UCI）机器学习数据库的四个数据集（网址为：http://archive. ics. uci. edu/ml/datasets. html）进行对比实验。这四个数据集的基本信息如表 4-6 所示，将其中的条件属性视为 SCLI 网络节点信息，分类属性等视为决策结果。

表 4-6　数据集的基本信息

数据集	实例数量	节点信息	数据集	实例数量	节点信息
Iris	150	4	Ionosphere	351	34
Glass	214	9	Water-treatment	527	38

使用基于 GGRA 和 DEMATEL 的 SCLI 网络节点重要度评价方法对这四个数据集进行评价，并将结果与文献[135]中的 AM-RASR、ARA、CE-BARKCC 和 GRA 方法的结果进行比较（表 4-7）。因四个数据集并没有给出关键节点的标准结果，在表 4-7 中，对于 Iris 数据集，本章方法与 AM-RASR 结果一致，与其他方法有 1 个关键节点重合。对于其他数据集，本章方法与其他方法的结果都有部分重合。因此，本章所述方法的计算结果与其他算法的结果基本一致，验证了本章所述方法的正确性。

表 4-7　不同算法的对比

数据集	AM-RASR	GRA[135]	本章方法	ARA	CEBARKCC
Iris	{3,4}	{2,4}	{3,4}	{2,4}	{1,4}
Glass	{1,2,3,4,7,8}	{1,3,4,7,8}	{3,5,6,7,8}	{2,3,4,5,7,8}	{1,2,4,7,8}
Ionosphere	{3,5,7,9,15,17,19,22,26,31,34}	{7,9,15,18,22,26,31,34}	{3,5,7,9,11,13,15,17,19,21,27}	{3,5,7,8,9,15,18,22,26,31}	{3,5,7,9,15,16,26,31}
Water-treatment	{6,7,11,13,18,21,27,32,37}	{6,7,10,11,13,21,27,29,37}	{1,2,6,9,13,15,21,22,28,29}	{2,6,7,11,13,18,21,27,29,37}	{6,11,18,27,29,32,37}

4.4.2.2 效率比较

在现有文献中，常用仿真、时间复杂度分析、组合方法（即仿真和时间复杂度分析相结合）等分析算法的效率。在组合方法中，时间复杂度分析的结果往往与仿真结果一致。因此，为了简单易懂，本章应用时间复杂度分析方法来验证提出方法的效率。在本章提出的方法中，每个步骤的时间复杂度如表 4-8 所示，则总时间复杂度为 $O(|C|^2|U|)$。该方法的时间复杂度与文献中其他相关的算法的比较结果见表 4-9。

表 4-8 所提算法的时间复杂度

步骤	时间复杂度	步骤	时间复杂度
***Step* 2**	$O(\|C\|\|U\|)$	***Step* 5**	$O(2\|C\|^3+2\|C\|^2)$
***Step* 3**	$O(3\|C\|\|U\|+5\|C\|)$	***Step* 6**	$O(\|C\|^2+3\|C\|)$
***Step* 4**	$O(6\|C\|^2\|U\|+10\|C\|)$	***Step* 7**	$O(\|C\|)$

由表 4-9 可知，时间复杂度最大的是文献[136]中的算法。与传统的 GRA 和 GGRA 算法相比，本章提出的算法计算了各信息之间的交互作用，提高了节点重要度计算结果的精度，因而时间复杂度略大。另一方面文献[134]和[135]中的算法时间复杂度与本章所提出的算法量级一样，所以本章提出的算法在计算时耗时与其他同类算法相比没有显著差异。随着计算机的加速，计算时间的增加是可以忽略不计的，即使对于大型数据集也是如此。因此本章提出的算法具有较高的效率。

表 4-9 算法的时间复杂度对比

算法	时间复杂度	算法	时间复杂度
GRA	$O(\|C\|\|U\|)$	文献[135]	$O(\|C\|^2\|U\|)$
GGRA	$O(\|C\|\|U\|)$	文献[136]	$O(\|C\|^3\|U\|^2)$
文献[134]	$O(\|C\|^2\|U\|)$	本章算法	$O(\|C\|^2\|U\|)$

4.5 本章小结

本章对智能制造环境下混流生产的 SCLI 协同网络结构进行了研究，分析了 SCLI 协同信息网络的组成，将 SCLI 网络节点分为网络管理节点与信息提供者节点两类，明晰了其解决的主要问题是从 SCLI 决策角度确定少量但重要度高的网络管理节点，并将之作为参与物流信息协同的主体开展 SCLI 协同。之后，利用 GGRA 和 DEMATEL 方法，设计了 SCLI 网络节点重要度评价模型，假设供应链物流决策与决策表等价，利用 GGRA 获取各个物流信息与物流决策之间以及物流信息之间的灰色综合关联度，利用 DEMATEL 计算物流信息之间的影响和被影响程度，最后得到各个物流信息与物流决策之间的最终重要度，根据 SCLI 网络节点重要度，确定少量但对 SCLI 决策起到关键作用的网络管理节点，由此对 SCLI 协同网络结构进行优化。实例验证结果表明，所构建的 SCLI 协同网络结构优化模型可以实现降低信息交换成本和决策复杂度，达到对 SCLI 协同网络结构进行优化的目的。

第 5 章　供应链物流信息协同流程优化

智能制造环境下，供应链合作伙伴之间有着越来越紧密的联系，相互之间的沟通更为频繁。SCLI 协同流程是供应链物流相关信息在相互关联的业务中流动与传递形成的流程。高效的 SCLI 协同流程将有助于提高整个 SCLI 协同系统的信息传输、处理及决策能力，为科学高效地进行供应链物流活动决策提供支持，保证供应链物流活动顺畅开展，提高供应链物流活动的效率，降低物流成本，确保智能制造对供应链物流提出的要求——精准服务得以实现。本章基于灰色绝对关联分析设计了评价 SCLI 协同流程稳定性的算法，进而构建了 SCLI 协同流程优化模型并进行实例验证。

5.1　智能制造环境下混流生产的 SCLI 协同流程优化问题分析

智能制造环境下混流生产的 SCLI 协同流程是依托 SCLI 网络，对 SCLI 在网络管理节点之间流动的先后顺序和时间进行协同，以最低的成本，在最短的时间内实现所需的物流信息从提供者节点流向需求节点。在进行物流信息协同流程之前，物流信息的需求节点及提供节点是非常明确的。然而，SCLI 网络是复杂的，使得协同的某种物流信息从信息提供节点到需求节点有多种路径可以到达，而且每种路径经过的网络管理节点也有所不同。因此，在进行 SCLI 协同流程时，应该重点关注两个方面的问题：一是物流信息从信息提供节点到需求节点经过的网络管理节点及先后顺序；二是所需物流信息到达的时间。对于有多次需求的同一种物流信息，其从信息提供节点传输到信息需求节点所经过的网络管理节点和通过这些节点的先后顺序是一致的，因此物流信息协同流程关注的重点就变成了所需物流信息到达的时间。

智能制造环境下混流生产的 SCLI 协同流程框架如图 5－1 所示，分为纵向物流信息协同流程和横向物流信息协同流程两类。纵向物流信息协同流程是指同一供应链上具有上下游关系的节点企业之间物流信息流程的协同（如图 5－1 中供应商和制造商之间的 SCLI 协同流程）；横向物流信息协同流程是指供应链上处于相同环节的节点企业之间物流信息流程的协同（如图 5－1 中供应商之间的 SCLI 协同流程）。在智能制造环境下，实现供应链合作伙伴间物流信息协同机制和网络结构优化后，有限的 SCLI 网络管理节点之间实现了互联互通，但在混流生产的供应链中，由于供应链结构复杂，

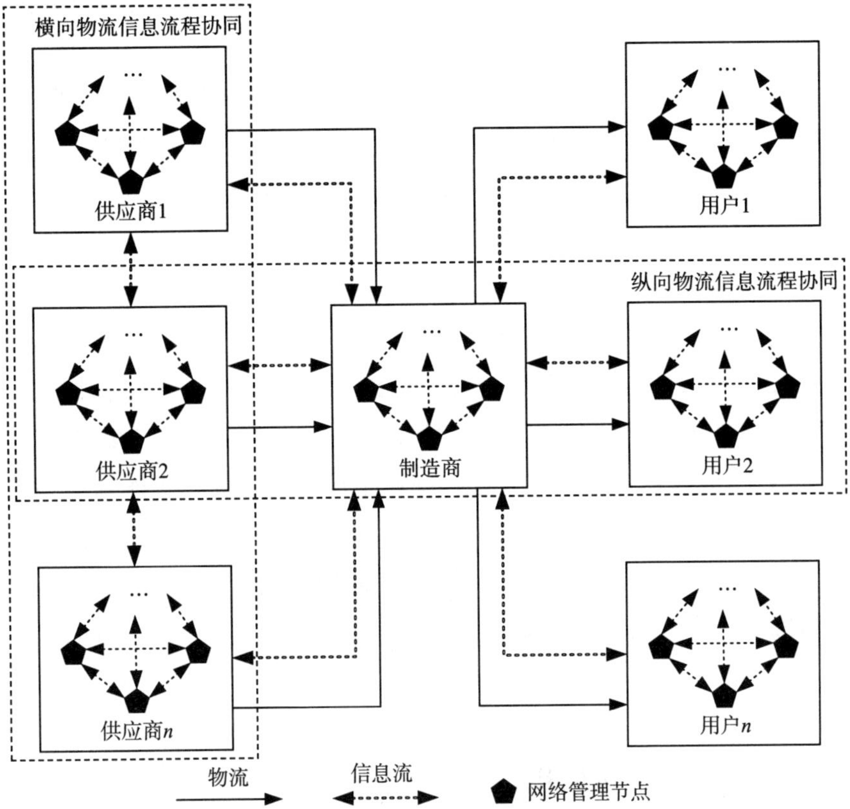

图 5－1　SCLI 协同流程框架

物流流程相互交织，导致供应链纵向物流信息协同流程和横向物流信息协同流程交错，组成一个复杂的协同流程网络，使得 SCLI 协同流程变得更为复杂，因此必须要对相应的协同流程进行优化以保证 SCLI 协同目标的实现。

智能制造环境下混流生产的 SCLI 协同流程优化是保证参与协同的网络管理节点组成的信息流程之间协同。在智能制造环境下，各个参与协同的网络管理节点实现了互联互通，由于信息传输的速度非常快，在流程中的网络管理节点均没有任何干涉或顺利通过的情况下，从信息提供节点至信息需求节点所经过的距离花费的时间非常短，几乎可以忽略不计。因此，可以视为只要信息提供节点提供了所需的物流信息，则所需的物流信息可以瞬间传输到信息需求节点。

在理想状态的 SCLI 协同流程中，供应链上的合作伙伴都采用 SCLI 协同策略，各个网络管理节点都严格执行这一策略，不管经过的节点有多少，先后顺序怎样，信息提供节点提供的物流信息都可以快速地传输给信息需求节点。然而，在现实中，由于流程中的各个网络管理节点都要对收到的信息进行各种处理（如提取、分析、变换、综合等），对发出的信息进行各种形式的审批等。如果网络管理节点没有按照协同要求按时提供信息，则会导致信息在传输中出现延迟，经过的网络管理节点越多，这种延迟的可能性和延迟的绝对时间量将会越大，最终导致 SCLI 协同出现问题。因此 SCLI 协同流程应当重点关注所需物流信息到达的时间。

SCLI 流程稳定性是指信息流程中的每个节点都按照 SCLI 协同的要求提供相应信息的能力。如果流程中的每个节点都能够按要求提供相应信息，则 SCLI 流程稳定性高；反之，则稳定性低。因此，智能制造环境下混流生产的 SCLI 协同流程优化可以从 SCLI 流程稳定性出发，根据 SCLI 需求节点收到同一种物流信息数据序列的特性，确定 SCLI 流程中各个节点的协同情况，进而采取相应的措施进行优化，满足智能制造对 SCLI 的需求。

5.2 SCLI 流程的数据序列

制造业供应链物流活动决策需要依靠来自供应链不同节点的物流信息数

据，毫无疑问，这些信息数据需要经过一定的SCLI协同流程才能够从信源（信息提供者）传递到信宿（信息需求者）。设SCLI流程的某个节点 i 第 j 次获取到的某特征数据的规定时间为 ST_i^j，实际收到该信息的时间为 RT_i^j，则它们之间的时间差为：

$$IT_i^j = RT_i^j - ST_i^j \tag{5-1}$$

理想情况下，$IT_i^j \equiv 0$，但在实际工作中，可能由于某个节点处理数据延迟、决策不及时、信息网络传输滞后以及各种噪声干扰等，反而是 $IT_i^j \neq 0$ 更为常见。如果 $IT_i^j > 0$，说明该信息实际收到的时间滞后于规定时间，在这种情况下，该节点的相关供应链物流活动决策将会受到影响，因此，应该尽量避免这种情况的发生；相反，如果 $IT_i^j < 0$，说明该信息的实际收到时间提前于规定时间，尽管提前收到该信息并不影响该节点对与该信息相关的供应链物流活动进行决策，但会对其他决策造成干扰，也不应该被鼓励。即便是在一个稳定的信息流程中，IT_i^j 不应该是一成不变的常数，而应该是一个变动的值，但其相对稳定。如果设某SCLI节点 IT_i^j 的本征数据序列 $\boldsymbol{X}_1$ 为：

$$\boldsymbol{X}_1 = [x_1(1), x_1(2), \cdots, x_1(k), \cdots, x_1(K)] \tag{5-2}$$

式中，$x_1(k)$ 为 $\boldsymbol{X}_1$ 的第 k 个数据；$k = 1,2,\cdots,K$；K 为数据个数。

在信息传递过程中，按照传递顺序可以获得某信息参数的数据序列 X：

$$\boldsymbol{X} = [x_1, x_2, \cdots, x_t, \cdots, x_T] \tag{5-3}$$

式中，x_t 为第 t 个数据；$t = 1,2,\cdots,T$；T 为数据个数，通常情况下，$T > X$。

在分析SCLI协同流程稳定性时，从 X 中依次抽取 K 个数据，构成SCLI协同流程稳定性评价数据序列 X_i：

$$\boldsymbol{X}_i = [x_i(1), x_i(2), \cdots, x_i(k), \cdots, x_i(K)] \tag{5-4}$$

式中，$\boldsymbol{X}_i$ 可称作SCLI流程的 i 因素，$i \geqslant 2$；$x_i(k)$ 为 $\boldsymbol{X}_i$ 的第 k 个数据；$k = 1,2,\cdots,K$。

分别对数据序列中的数据按从小到大的顺序进行排序，可以得到排序后的数据序列。基于GRA理论，对两个排序数据序列之间的关系进行分析，可以评价其过程稳定性[137]。

5.3 SCLI 协同流程优化方法

目前，稳定性评价方面的研究成果主要分为两类：一类主要偏重于对设备（如机床）加工的稳定性进行分析或评估，其重点是对设备保持其性能不变的能力进行分析或评估；另一类主要偏重于对整个制造过程的稳定性进行分析或评估，往往根据某个环节的数据来确定制造过程的稳定性，采用的方法以传统 SPC 居多，如假设某一制造系统服从正态分布，测量某一连续工序加工出来的一批零件，根据测量结果，利用控制图方法确定工序是否稳定。虽然 SPC 方法应用较为广泛，但由于制造过程的复杂性（如非正态分布、未知属性等），导致传统方法的分析或评估结果并不可靠。夏新涛等(2015)[137]基于灰色系统理论，根据制造过程某一属性的排序数列建立它们之间的灰关系，并确定灰置信水平，进而实现了对制造过程稳定性的准确评估。SCLI 流程也是一种过程稳定性评价，与制造过程稳定性评价有相似之处，鉴于此，本章将根据 SCLI 流程数据序列，采用灰色系统理论进行 SCLI 流程稳定性评价，建立 SCLI 协同流程优化模型。

5.3.1 SCLI 流程稳定性评价

5.3.1.1 基于 GRA 的 SCLI 协同流程稳定性评价与分析

文献[137]将灰关系理论应用于制造过程稳定性评估，取得了较好的效果。SCLI 流程与制造过程具有一定相似之处，都需要经过流程中一系列节点及其相应的处理活动，最终形成所需产品（或信息），因此可以将 SCLI 流程的排序数据序列视为制造过程的排序数据序列，利用该文献所述方法对 SCLI 流程稳定性进行评价。

（1）基于 GRA 的 SCLI 协同流程稳定性评价方法

令 SCLI 流程某节点 i 获取某信息 A 的时间差形成的两个排序序列为 Y_1 和 Y_j，它们相应的元素为 $y_1(k)$ 和 $y_i(k)$，$k=1,2,\cdots,n$。

令：

$$\bar{y}_h = \frac{1}{n}\sum_{k=1}^{n} y_h(k) \tag{5-5}$$

$$s_h(k)=y_h(k)-\bar{y}_h \tag{5-6}$$

将 $s_h(k)$ 进行规范化处理，得到：

$$z_h(k)=\frac{s_h(k)-\min\limits_k s_h(k)}{\max\limits_k s_h(k)-\min\limits_k s_h(k)}=\frac{s_h(k)-s_h(1)}{s_h(n)-s_h(1)} \tag{5-7}$$

令：$Z_h=\{s_h(k)\,|\,k=1,2,\cdots,n\},h\in(1,j)$，$Z_h$ 是 Y_h 的规范化排序序列。则有：$z_h(k)\in[0,1]$，且：

$$\begin{cases}z_h(1)=0\\z_h(n)=1\end{cases} \tag{5-8}$$

定义灰色关联度：

$$\rho_{0h}=\rho(Z_0,Z_h)=\frac{1}{K}\sum_{k=1}^{K}\rho[z_0(k),z_h(k)] \tag{5-9}$$

令：

$$\Delta_{0h}(k)=|z_h(k)-z_0(k)| \tag{5-10}$$

$$m=\min_{h=1}\min_{k=1}|z_h(k)-z_0(k)| \tag{5-11}$$

$$M=\max_{h=1}\max_{k=1}|z_h(k)-z_0(k)| \tag{5-12}$$

则灰色关联度为：

$$\rho[z_0(k),z_h(k)]=\frac{m+\xi\cdot M}{\Delta_{0h}(k)+\xi\cdot M} \tag{5-13}$$

取分辨系数 $\xi\in(0,1]$，根据式（5-10）至式（5-13）可以得到灰色关联度的表达式为：

$$\rho[z_0(k),z_h(k)]=\frac{\xi}{\Delta_{0h}(k)+\xi},\quad k=1,2,\cdots,K \tag{5-14}$$

定义两个数据序列 Y_1 和 Y_j 之间的灰差[137]为：

$$d_{1j}=|\rho_{01}-\rho_{0j}| \tag{5-15}$$

如已知灰差 d_{1j}，则称：

$$r_{1j}=1-d_{1j} \tag{5-16}$$

为数据序列 $\boldsymbol{Y}_1$ 和 $\boldsymbol{Y}_j$ 之间基于灰色关联度的相似系数，可称：

$$\boldsymbol{R}=\begin{bmatrix}r_{11}&r_{1j}\\r_{j1}&r_{jj}\end{bmatrix}=\begin{bmatrix}1&r_{1j}\\r_{j1}&1\end{bmatrix} \tag{5-17}$$

为灰相似矩阵，且 $0\leqslant r_{1j}\leqslant 1$。

对于给定的 $\boldsymbol{Y}_1$ 和 $\boldsymbol{Y}_j$，若 $\xi\in(0,1]$，则总存在唯一实数 $d_{\max}=d_{1j\max}$，

使 $d_{1j} \leqslant d_{\max}$，这时可称 $d_{\max}$ 为最大灰差，相应的 ξ 可称为基于最大广义灰差的最优分辨系数。

定义基于两个数据序列 $\boldsymbol{Y}_1$ 和 $\boldsymbol{Y}_j$ 的广义灰关联的属性权重为：

$$f_{1j} = \begin{cases} 1 - \dfrac{d_{\max}}{\eta} & d_{\max} \in [0,\eta] \\ 0 & d_{\max} \in [\eta,1] \end{cases} \tag{5-18}$$

式中，$f_{1j} \in [0,1]$ 为属性权重，$\eta \in [0,1]$。

根据灰色系统理论，若没有理由否认 λ 为真元，则在给定准则下，默认 λ 为真元的代表。在给定 $\boldsymbol{Y}_1$ 和 $\boldsymbol{Y}_j$ 的情况下，取参数 $\lambda \in [0,1]$，若存在一个映射 $f_{1j} \geqslant \lambda$，那么 $\boldsymbol{Y}_1$ 和 $\boldsymbol{Y}_j$ 具有相同的属性。此处取 $f_{1j} = \lambda = 0.5$，即认为 Y_1 和 Y_j 具有相同的属性。

设 $\eta \in [0,0.5]$，由上式可得：

$$d_{\max} = (1 - f_{1j})\eta \tag{5-19}$$

称：

$$P_{1j} = 1 - (1 - \lambda)\eta = (1 - 0.5\eta) \times 100\% \tag{5-20}$$

为灰置信水平，其描述了 Y_1 和 Y_j 属性相同的可信度，η 可通过式（5-19）求得。

从 GRA 的角度，如果同一节点接收到的同种物流信息的不同序列之间的灰关联度越大，则灰置信水平高，SCLI 流程稳定性就高；反之，灰置信水平较低，SCLI 流程的稳定性就越低。因此，可以通过灰置信水平来判断 SCLI 流程的稳定性。一般情况下，可取 $f_{1j} = 0.5$，则可根据灰置信水平做出判断：①灰置信水平大于或等于 90%，则 SCLI 流程稳定；②灰置信水平小于 90%，则 SCLI 流程不稳定。

第一种情况表明，SCLI 流程稳定，能够满足 SCLI 协同对物流信息的各种要求，保持现状即可。相对于第一种状况，应当特别注意第二种情况，因为 SCLI 流程的不稳定，可能会造成信息延迟、信息不完整等问题，从而造成供应链物流协同出现问题，因此，必须认真对待。应当认真分析造成信息流程不稳定的原因，并采取适当措施，消除 SCLI 流程中扰动因素的影响，使信息流程达到稳定状态。

（2）算例分析

设农机装备制造型企业——某公司的 SCLI 流程是稳定的，即该供应链某个节点收到的特定信息时间与规定的标准时间之差（即 IT_i^j ）应当服从正态分布（设其数学期望 E 和标准差 σ 分别为 0 和 0.1），利用计算机仿真方法获取服从该正态分布的数据序列 7 个，每个序列含有 10 个数据，共 70 个数据（表 5 - 1），现利用基于 GRA 的 SCLI 流程方法判断该流程是否稳定。

表 5 - 1　物流信息样本数据

1	2	3	4	5	6	7
−0.067	−0.017	0.014	−0.125	−0.130	0.074	0.014
0.050	0.114	−0.002	0.269	−0.121	0.047	0.080
−0.118	0.009	−0.098	−0.102	0.123	−0.002	−0.035
0.069	−0.098	0.026	−0.097	0.027	0.056	0.095
−0.130	−0.061	0.047	−0.078	−0.074	0.061	−0.057
0.098	0.182	−0.015	0.041	0.081	−0.074	0.007
−0.054	−0.031	−0.118	−0.003	−0.123	0.082	0.182
−0.011	0.010	0.127	−0.070	0.089	−0.057	0.051
−0.092	0.049	0.019	0.044	−0.086	0.034	−0.070
−0.008	−0.040	0.041	0.017	0.037	−0.001	−0.058

根据表 5 - 1，将样本数据分为 7 组，即 $\boldsymbol{Y}_1 \sim \boldsymbol{Y}_7$，每个序列 10 个数据：

$$\boldsymbol{Y}_1 = [-0.067, 0.050, -0.118, 0.069, -0.130, 0.098, -0.054, -0.011, -0.092, -0.008]$$

$$\boldsymbol{Y}_2 = [-0.017, 0.114, 0.009, -0.098, -0.061, 0.182, -0.031, 0.010, 0.049, -0.040]$$

$$\boldsymbol{Y}_3 = [0.014, -0.002, -0.098, 0.026, 0.047, -0.015, -0.118, 0.127, 0.019, 0.041]$$

$$\boldsymbol{Y}_4 = [-0.125, 0.269, -0.102, -0.097, -0.078, 0.041, -0.003, -0.070, 0.044, 0.017]$$

$$\boldsymbol{Y}_5 = [-0.130, -0.121, 0.123, 0.027, -0.074, 0.081, -0.123, 0.089, -0.086, 0.037]$$

$$\boldsymbol{Y}_6 = [0.074, 0.047, -0.002, 0.056, 0.061, -0.074, 0.082, -0.057, 0.034, -0.001]$$

$$\boldsymbol{Y}_7 = [0.014, 0.080, -0.035, 0.095, -0.057, 0.007, 0.182, 0.051, -0.070, -0.058]$$

将 $Y_1 \sim Y_7$ 数据进行排序，得到排序数据序列 $Y_1' \sim Y_7'$。

$Y_1'=[-0.130, -0.118, -0.092, -0.067, -0.054, -0.011, -0.008, 0.050, 0.069, 0.098]$

$Y_2'=[-0.098, -0.061, -0.040, -0.031, -0.017, 0.009, 0.010, 0.049, 0.114, 0.182]$

$Y_3'=[-0.118, -0.098, -0.015, -0.002, 0.014, 0.019, 0.026, 0.041, 0.047, 0.127]$

$Y_4'=[-0.125, -0.102, -0.097, -0.078, -0.070, -0.003, 0.017, 0.041, 0.044, 0.269]$

$Y_5'=[-0.130, -0.123, -0.121, -0.086, -0.074, 0.027, 0.037, 0.081, 0.089, 0.123]$

$Y_6'=[-0.074, -0.057, -0.002, -0.001, 0.034, 0.047, 0.056, 0.061, 0.074, 0.082]$

$Y_7'=[-0.070, -0.058, -0.057, -0.035, 0.007, 0.014, 0.051, 0.080, 0.095, 0.182]$

Y_1 与 $Y_2 \sim Y_7$ 排序数据序列之间的对比如图 5-2 所示，可以初步认为该系统稳定性较好。

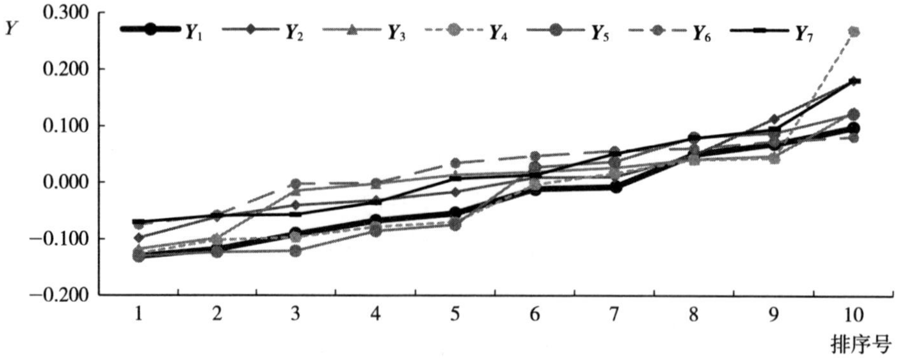

图 5-2　数据序列对比

在 $f_{1j}=0.5$ 时，利用前述方法计算 Y_1 与其他各序列的灰置信水平，计算结果如表 5-2 所示。除序列 Y_4 外，序列 Y_1 与其他序列之间的灰置信水平均大于 90%，而序列 Y_1 与序列 Y_4 之间的灰置信水平小于 90%，根据判断标准，说明该信息流程是不稳定的，这一结论明显与前提条件相矛盾。

表 5-2　灰置信水平计算结果

f_{1j}	P_{12}	P_{13}	P_{14}	P_{15}	P_{16}	P_{17}
0.5	97.87%	95.73%	89.88%	96.84%	91.35%	93.98%

对 $\boldsymbol{Y}_1$ 与各序列的排序数据序列图（图 5-3）进行深入分析后，发现 $\boldsymbol{Y}_2$、$\boldsymbol{Y}_4$、$\boldsymbol{Y}_6$、$\boldsymbol{Y}_7$ 均有部分值与 $\boldsymbol{Y}_1$ 相应值偏离较大，这在灰置信计算结果中并没有体现，分析利用 GRA 评价稳定性的过程，在求取灰关联度时，采用的是对各点的关联度进行平均，即认为各个数据对整体的影响程度完全相同，这导致部分偏离较大的数据“被平均”，进而可能致使 SCLI 协同流程

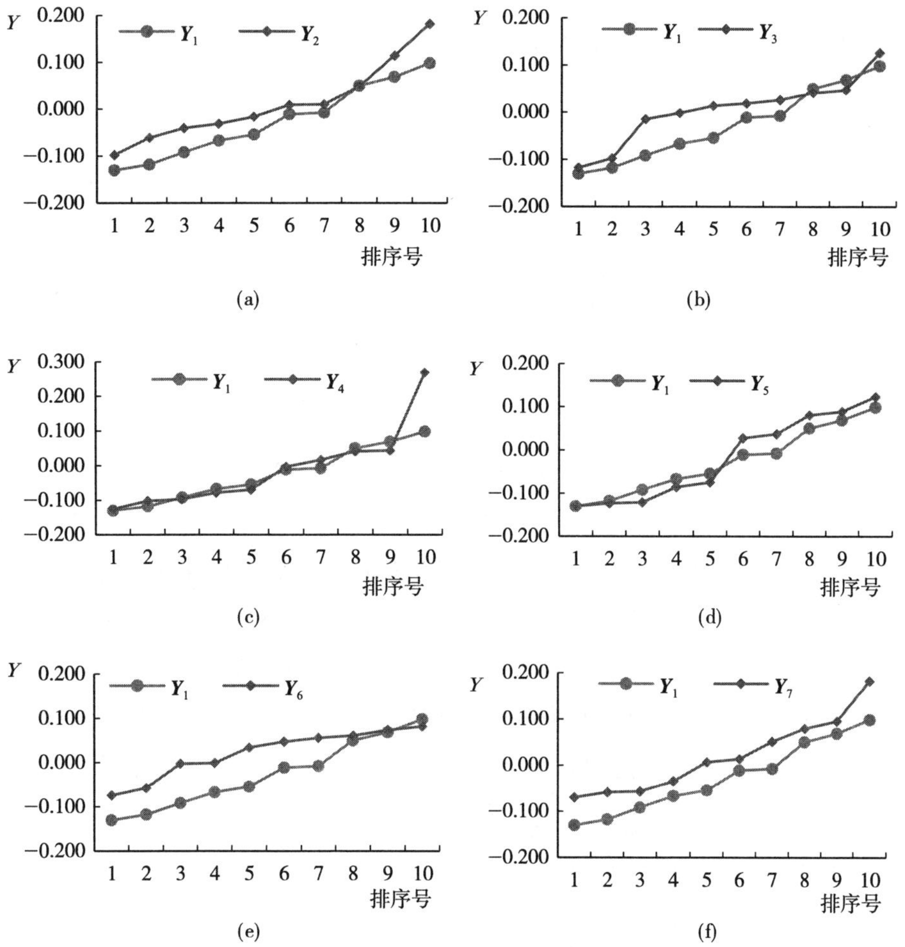

图 5-3　$\boldsymbol{Y}_1$ 与其他排序数据数列对比

不稳定但评价结果却为“稳定”的假象。因此需要利用更科学的方法对SCLI流程稳定性进行评价。

5.3.1.2 基于改进GGRA的SCLI协同流程评价与分析

根据第4章对GGRA的描述，GGRA通过度量两曲线之间所夹面积绝对值而从整体上衡量两曲线的相似性，使GGRA能够比GRA做出更为客观的判断。为避免GGRA在分配系数确定方面存在随意性，有学者提出了改进GGRA[138]。

改进GGRA用离差最大化的方法确定分配系数。离差是反映数据分布离散程度的量度之一，是衡量差异性的一个重要指标。若某样本值对所有样本值来说没有差别，则该样本重要性较低，其权重可为0；反之，若该样本值对所有样本值差异较大，则该样本重要性较高，其权重应较大。因此，如令：

$$\begin{cases} B_{\varepsilon i} = \sum_{k=1}^{n} |\varepsilon_{0i} - \varepsilon_{0k}| \\ B_{\gamma i} = \sum_{k=1}^{n} |\gamma_{0i} - \gamma_{0k}| \end{cases} \tag{5-21}$$

式中，$B_{\varepsilon i}$ 和 $B_{\gamma i}$ 是灰色绝对关联度和灰色相对关联度的总离差，则离差最大化分配系数 θ 为：

$$\theta_i = \frac{B_{\varepsilon i}}{B_{\varepsilon i} + B_{\gamma i}} \tag{5-22}$$

由此可得改进广义灰色关联度为：

$$\rho_{0i} = \theta_i \varepsilon_{0i} + (1 - \theta_i)\gamma_{0i} \tag{5-23}$$

利用表5-1的数据，采用改进GGRA方法对该信息流程稳定性进行评价，在 $f_{1j} = 0.5$ 时，计算基于改进GGRA的各序列之间的灰置信度如表5-3所示。

根据表5-3的灰置信度计算结果，序列 Y_1 与序列 Y_4、Y_5 之间的灰置信度超过了90%，而与其他几个序列的灰置信度均低于90%，根据判断标准，该SCLI流程不稳定。这同样与该SCLI流程稳定的前提条件相矛盾。

表5-3 基于改进GGRA的灰置信度

f_{1j}	P_{12}	P_{13}	P_{14}	P_{15}	P_{16}	P_{17}
0.5	84.95%	86.69%	95.65%	94.91%	77.47%	80.45%

对比基于 GRA 和改进 GGRA 两种方法的评价结果，发现看似更加科学的改进 GGRA 方法得到的结果反倒比 GRA 与实际情况出入更大。深入分析改进 GGRA 的分析过程，发现其将折线之间的绝对相似程度与折线上各点与始点之间的相对变化速率进行了综合，而判断 SCLI 流程稳定性只需要判断折线之间的相似性即可，因此，可以采用灰色绝对关联度来评价 SCLI 流程的稳定性。

5.3.1.3　基于灰色绝对关联度的 SCLI 协同流程稳定性评价与分析

根据第 4 章所述的灰色绝对关联度的计算方法，可以得到 Y_1 与其他各序列之间的灰色绝对关联度。然后，在 $f_{1j}=0.5$ 时，计算 Y_1 与其他各序列之间的灰置信度，结果如表 5-4 所示。根据表 5-4 的灰置信度计算结果，序列 Y_1 与其他序列之间的灰置信度均超过了 90%，根据判断标准，该 SCLI 流程稳定，这一结果与前提条件相一致。

表 5-4　基于 GAC 的灰置信度

f_{1j}	P_{12}	P_{13}	P_{14}	P_{15}	P_{16}	P_{17}
0.5	99.02%	94.68%	99.11%	97.66%	98.58%	95.03%

为验证该方法评价结果的正确性，本章将运用 GAC 方法的评价结果与其他类似方法的评价结果做了对比，具体结果如表 5-5 所示。从表 5-5 和前文对基于 GAC 的 SCLI 协同流程稳定性评价结果的分析可以知道，本章提出的方法与其他同类方法相比，能够更好地判断 SCLI 协同流程的稳定性。

表 5-5　评价结果对比

方法	GRA[137]	GGRA[128]	改进 GGRA	本章方法
f_{1j}	0.5	0.5	0.5	0.5
P_{12}	97.87%	90.23%	84.95%	99.02%
P_{13}	95.73%	89.12%	86.69%	94.68%
P_{14}	89.88%	97.12%	95.65%	99.11%
P_{15}	96.84%	80.51%	94.91%	97.66%
P_{16}	91.35%	86.41%	77.47%	98.58%
P_{17}	93.98%	72.19%	80.45%	95.03%
评价结果	不稳定	不稳定	不稳定	稳定

对比四种方法对 SCLI 协同流程稳定性评价结果（图 5-4）可以发现，对于同样的数据，基于 GAC 的方法显然灰置信度变化相对较小，而其他两种方法相对变化较大，因此基于 GAC 的 SCLI 协同流程稳定性方法可能存在灵敏性不足的问题。

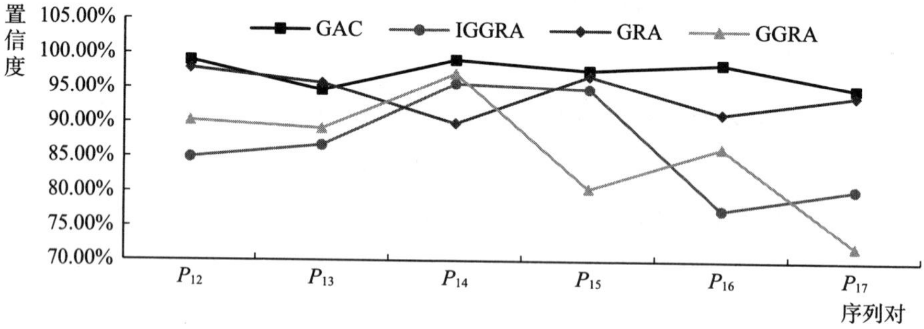

图 5-4　四种方法对比

为评估基于 GAC 的 SCLI 协同流程稳定性评价方法的灵敏性，人为在数据序列中加入野值，即故意增加或减少序列中的某个数据，再用该方法进行评价，根据结果确定该方法的灵敏性。

从 $\boldsymbol{Y}_2 \sim \boldsymbol{Y}_7$ 中任选 2 个数据序列 $\boldsymbol{Y}_5$ 和 $\boldsymbol{Y}_7$，将 $\boldsymbol{Y}_5$ 中的一个数据人为增加，$\boldsymbol{Y}_7$ 中的一个数据人为减少，得到新的数据序列 $\boldsymbol{Y}_{5'}$ 和 $\boldsymbol{Y}_{7'}$（黑体数据是人为设定的野值）：

$$\boldsymbol{Y}_{5'} = [-0.130, -0.121, \mathbf{1.123}, 0.027, -0.074, 0.081, -0.123, 0.089, -0.086, 0.037]$$

$$\boldsymbol{Y}_{7'} = [0.014, 0.080, -0.035, 0.095, -0.057, 0.007, 0.182, 0.051, \mathbf{-1.070}, -0.058]$$

对序列 $\boldsymbol{Y}_{5'}$ 和 $\boldsymbol{Y}_{7'}$ 数据进行排序，$\boldsymbol{Y}_1$ 和 $\boldsymbol{Y}_{5'}$ 及 $\boldsymbol{Y}_{7'}$ 排序数据序列的对比如图 5-5 所示。从图 5-5 可知，野值对协同流程稳定性影响很大，流程不稳定的可能性大。

根据第 4 章所述的灰色绝对关联度的计算方法，可以得到 $\boldsymbol{Y}_1$ 与其他各序列的灰色绝对关联度。在 $f_{1j} = 0.5$ 时，计算 $\boldsymbol{Y}_1$ 与其他各序列之间的灰置信度，结果如表 5-6 所示。加野值后，序列 $\boldsymbol{Y}_1$ 与 $\boldsymbol{Y}_{15'}$ 和 $\boldsymbol{Y}_{17'}$ 之间的灰置信度降低，都在 90%以下，而与其他序列之间的灰置信度并没有变化，根据稳定性

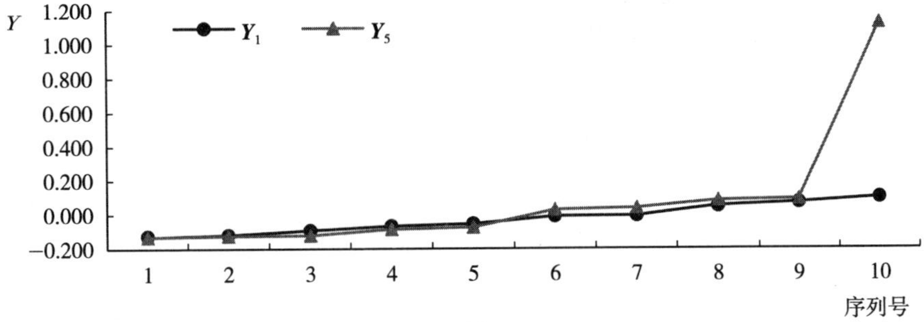

(a)

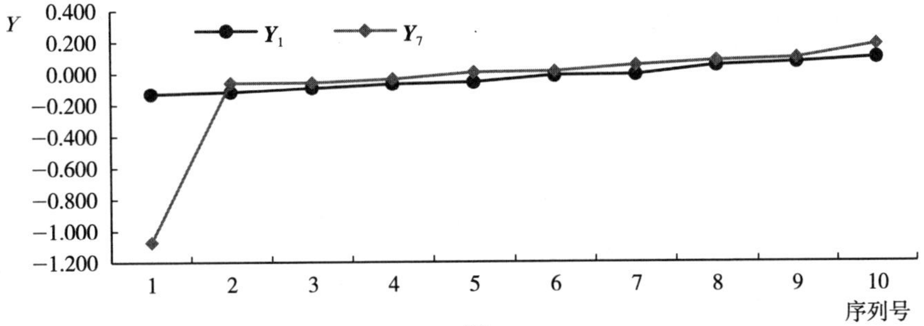

(b)

图 5－5　排序数据序列对比（加野值）

判别标准，该 SCLI 协同流程不稳定，结果与图 5－5 反映的结果一致。因此，基于序列之间灰色绝对关联度分析可用来评价 SCLI 流程稳定性。

表 5－6　基于 GAC 的灰置信度（加野值）

f_{1j}	P_{12}	P_{13}	P_{14}	$P_{15'}$	P_{16}	$P_{17'}$
0.5	99.02%	94.68%	99.11%	85.72%	98.58%	57.28%

5.3.2　SCLI 协同流程优化模型

以 SCLI 协同流程稳定性评价为核心，建立 SCLI 协同流程优化模型如图 5－6 所示。主要包含以下步骤：

***Step* 1.** 选择 SCLI 协同流程

***Step* 2.** 获取现行 SCLI 协同流程数据序列

***Step* 3.** SCLI 协同流程稳定性评价

利用上文提出的 SCLI 协同流程稳定性评价方法对现行的 SCLI 协同流

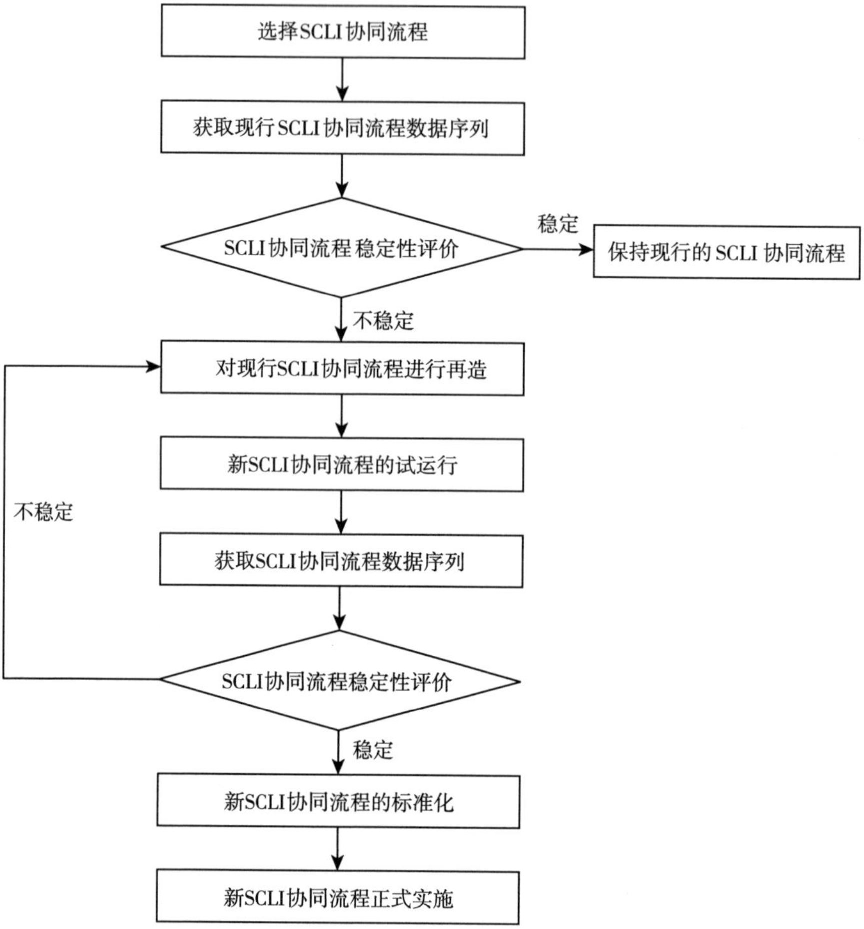

图 5－6　SCLI 协同流程优化模型

程情况进行评价。如果评价结果为稳定，则保持现行的 SCLI 协同流程。否则执行 ***Step* 4**。

***Step* 4.** 对现行 SCLI 协同流程进行再造

利用 ECRS 和 5W1H 等方法对现行 SCLI 协同流程进行优化，得到新的 SCLI 协同流程方案。

***Step* 5.** 新 SCLI 协同流程的试运行

***Step* 6.** 获取 SCLI 协同流程数据序列

***Step* 7.** SCLI 协同流程稳定性评价

利用上文提出的评价方法对新 SCLI 协同流程情况进行评价。如果评价结果为稳定，则执行 ***Step* 8**；否则，执行 ***Step* 4**。

***Step* 8.** 新 SCLI 协同流程的标准化

***Step* 9.** 新 SCLI 协同流程正式实施

5.4　实例验证

***Step* 1.** 选择 SCLI 协同流程

选取研究对象——对某农机装备制造公司的 SCLI 流程进行案例分析。

***Step* 2.** 获取现行 SCLI 协同流程数据序列

以该公司物料采购部门收到生产顺序计划的实际时间与规定的标准时间之差建立数据序列，连续抽取 70 次，得到的数据依次为：－4.02，0.15，1.04，－2.26，1.18，2.21，－0.10，－0.93，－0.75，1.02，4.54，1.01，0.19，1.89，3.29，0.22，－0.68，－2.20，2.91，1.13，2.16，0.02，0.23，－0.04，3.87，2.45，－3.25，－1.20，－0.05，－0.41，4.88，0.83，－4.19，0.98，1.34，－0.34，－2.08，－0.99，1.51，0.10，－1.30，－0.33，－4.47，1.54，－1.00，－3.15，3.82，－2.67，－1.37，－3.60，3.13，－1.45，2.44，－1.52，－2.48，2.47，2.18，0.01，0.14，－4.13，－3.33，－3.04，－0.64，－0.49，－0.22，－0.17，0.86，1.06，1.20，2.06。取第 1～10 个数据作为本征数据序列 $\boldsymbol{Y}_1$，11～20、21～30、31～40、41～50、51～60 个数据分别为评估数据序列 $\boldsymbol{Y}_2 \sim \boldsymbol{Y}_6$，则排序数据序列为：

$$\boldsymbol{Y}_1' = [-4.02, -2.26, -0.93, -0.75, -0.10, 0.15, 1.02, 1.04, 1.18, 2.21]$$

$$\boldsymbol{Y}_2' = [-2.20, -0.68, 0.19, 0.22, 1.01, 1.13, 1.89, 2.91, 3.29, 4.54]$$

$$\boldsymbol{Y}_3' = [-3.25, -1.2, -0.41, -0.05, -0.04, 0.02, 0.23, 2.16, 2.45, 3.87]$$

$$\boldsymbol{Y}_4' = [-4.19, -2.08, -0.99, -0.34, 0.10, 0.83, 0.98, 1.34, 1.51, 4.88]$$

$$\boldsymbol{Y}_5' = [-4.47, -3.6, -3.15, -2.67, -1.37, -1.3, -1, -0.33, 1.54, 3.82]$$

$$Y_6' = [-4.13, -2.48, -1.52, -1.45, 0.01, 0.14, 2.18, 2.44, 2.47, 3.13]$$

***Step* 3.** SCLI 协同流程稳定性评价

$\boldsymbol{Y}_1$ 与其他各序列排序数据序列的对比图如图 5－7 所示。

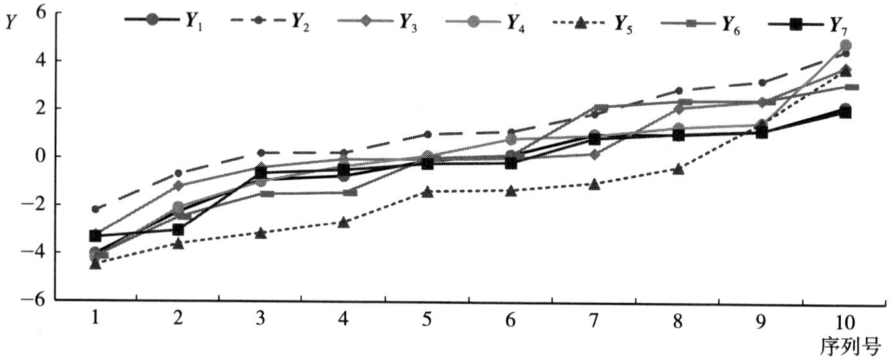

图 5－7 排序数据序列对比

根据第 4 章所述的灰色绝对关联度的计算方法，可以得到 $\boldsymbol{Y}_1$ 与其他各序列的灰色绝对关联度，在 $f_{1j}=0.5$ 时，计算 $\boldsymbol{Y}_1$ 与其他各序列之间的灰置信度，结果如表 5－7 所示。序列 $\boldsymbol{Y}_1$ 与其他序列之间的灰置信度均超过了 90%，表明该 SCLI 协同流程稳定，根据图 5－6 所示的模型，应保持现有 SCLI 协同流程现状。

表 5－7 灰置信度

f_{1j}	P_{12}	P_{13}	P_{14}	P_{15}	P_{16}	P_{17}
0.5	94.74%	97.29%	94.01%	90.61%	95.08%	90.42

案例分析结果表明，使用基于 GAC 的 SCLI 协同流程优化模型，可以实现对 SCLI 协同流程稳定性的评价，并根据评价结果采取适当措施，实现 SCLI 协同流程优化。

5.5 本章小结

本章对智能制造环境下 SCLI 协同流程优化进行了研究。在对智能制造环境下混流生产的 SCLI 协同流程优化问题进行分析的基础上，确定以 SCLI 协同流程稳定性作为主要指标建立模型。以供应链网络管理节点收到物流信息的实际时间和标准时间之差作为 SCLI 协同流程的数据序列，分别基于 GRA、改进 GGRA 对 SCLI 协同流程稳定性进行评价，在对评价结果进行分析的基础上，根据 GAC 的特性，构建了基于 GAC 的 SCLI 协同流程稳定性评价方法，与类似方法的对比结果和灵敏性分析显示，该方法能够准确评价 SCLI 协同流程的稳定性，基于稳定性评价结果，提出了 SCLI 协同流程优化模型，实例验证表明了该模型的可行性。

第6章　基于SPC和信息熵的SCLI协同质量评价方法

在应用层，供应链物流节点利用SCLI协同获得的高质量物流信息，做出精准的物流活动，满足智能制造对供应链物流提出的精准服务需求。本章在分析智能制造环境下混流生产的SCLI协同质量的基础上，结合智能制造对供应链物流精准服务的需求，提出从JIT视角对SCLI协同质量进行评价，设计基于SPC和信息熵的SCLI协同质量评价方法，并进行实例验证。

6.1　智能制造环境下混流生产的SCLI协同质量评价问题分析

尽管目前对质量问题的研究颇多，但针对智能制造环境下混流生产的SCLI协同质量方面的研究仍然比较鲜见。为了科学地评价SCLI协同质量，需要进一步探讨SCLI协同质量的定义，构建SCLI协同质量评价的指标体系。

6.1.1　SCLI协同质量

在1924年，美国的休哈特博士首次把统计学应用于质量控制，此后不断有新的质量管理思想和理论产生。每一种新的思想和理论的诞生，都会对质量的概念进行重新定义和理解。目前，比较为大众所接受的传统质量概念主要有两种，一种是ISO 9000对质量的定义：质量是反映产品或服务满足明确和隐含需要能力的特征和特性的总和，这种定义是从产品或服务自身角度进行定义的。另一种是美国质量管理学家朱兰对质量的定义：质量就是适用性，该定义是从使用者角度进行定义的。这些定义是通用的质量定义，在针对特定情况时，都会对其进行更准确的定义，以与本章内容相关的信息质量定义为例，文献[139]认为其通常可以简单地定义为信息的“适用性”，而文献[140]认为其更完整地说是“人们在某些信息使用环境中对信息的完善性和有用性的主观判断，这与他们对信息的期望或其他可用信息有关”。

根据第一种传统质量定义从协同自身进行定义，智能制造环境下混流生产的 SCLI 协同质量可以定义为物流信息协同本身的质量。然而基于该定义对 SCLI 协同质量进行评价，结果仅仅是协同本身的质量，与智能制造环境下混流生产的供应链物流的最终目标无关。根据第二种传统质量定义从使用者角度进行定义，智能制造环境下混流生产的 SCLI 协同质量可以定义为 SCLI 协同的信息需求者对所接收到的物流信息的满意度。如果信息能满足其需求，协同质量就高，反之亦然。根据这一定义，SCLI 协同质量应该从 SCLI 协同信息需求者节点的角度进行评价，结果就是节点的 SCLI 协同质量。然而从整个供应链的角度，物流的最终目标是将产品（或零部件）按时交付给客户（或最终消费者）。虽然 SCLI 协同质量对供应链物流最终目标的实现起着重要作用，但 SCLI 协同节点的高质量（局部质量）并不能保证供应链物流能够实现其最终目标。造成这种现象的根本原因是智能制造环境下混流生产的 SCLI 协同包含多个要素（或系统），涉及多个部门（企业）。正如一个部门不能代替整体，一个节点感受到的 SCLI 协同质量也不能代替整个供应链的协同质量。因此，在以满足顾客需求为目标的供应链物流中，从协同本身或供应链的单个信息需求节点来评价 SCLI 协同质量是不科学的。

由于研究智能制造环境下混流生产的 SCLI 协同的目的是保证供应链物流最终目标的实现，因此有必要将 SCLI 协同质量与供应链物流的最终目标联系起来。本章将智能制造环境下混流生产的 SCLI 协同质量应该定义为供应链物流目标的实现程度。这个定义是以结果为导向的，是从整个供应链物流的角度提出的。它关注供应链物流全局信息协同的最终目标和结果的实现程度。

6.1.2　SCLI 协同质量的维度

质量本质上是一个层次化、多维度的概念，在进行质量评价时，往往根据评价目标和评价方法的不同，构建不同的多维层次结构模型。仍以信息质量为例，文献中的几种典型信息质量维度分类如表 6-1 所示。因此，在进行 SCLI 协同质量评价时，要对其维度进行分析。

表 6-1　几种典型的信息质量维度分类

维　度	来源
安全性、准确性、客观性、可信性、声誉、相关性、访问、增值性、完整性、信息的数量、可解释性、简洁表述性、容易理解、表示的一致、及时性以及便利性	文献[141]
完整性、相关性、准确性、可访问性、连贯性、格式、兼容性、安全性以及有效性	文献[142]
准确性、代表性、完整性以及客观性	文献[143]

在全球化的背景下，日益激烈的竞争迫使许多制造企业选择最合适的改进方案来提高顾客满意度。然而，实现这些目标是非常困难的，因为不同的价值链活动（例如零部件的设计、制造和装配），往往在不同的国家或地区进行，而最终产品的用户仍在另一个地方。为了克服这些困难，制造企业正在采用一些新的技术、方法和战略，其中精益生产显得尤为突出[144]，在过去的几十年里，其实践和原则在不同的行业和环境中得到了广泛的应用[145]。在智能制造环境下，精益生产仍然需要发挥重要作用，是智能制造的前提和重要基础，"精益生产和智能制造是相辅相成的"[146]。精益生产有两大支柱，分别是准时制（Just in Time，JIT）和自动化[147]，JIT 作为应用最广泛的生产策略之一，强调在生产周期的各个阶段都要精益求精。JIT 最大的特点是它的目标是在适当的时间、按适当的数量生产所需的产品，并将不必要的库存去掉。JIT 系统涉及从供应商到制造企业的多品种小批量多频次配送。

为了实现 JIT 的目标，制造企业必须选择最合适的供应链网络。在智能制造环境下，条形码技术、射频识别（RFID）和各种传感器等自动识别技术的广泛应用，可以使供应链收集到大量的物流信息，但是这些信息是杂乱无章的[148]，只有通过 SCLI 协同才能够实现其价值。然而，SCLI 协同过程具有多层次、多要素、多流程，使如何评价智能制造环境下混流生产的 SCLI 协同质量成为一个复杂的问题。在 JIT 被越来越多的企业采用的背景下，从 JIT 的角度评价 SCLI 协同质量是非常必要的。

供应链物流可以视作是传统物流的延伸。智能制造环境下的供应链物流仍需要协调订单处理、采购计划、物料配送、车辆调配、库存控制和客户服务等。供应链物流的首要目标是为顾客提供满意的服务，即在正确的时间以正确的方式将正确的产品送到顾客指定的地点。供应链物流活动自始至终都会产生物流信息，大量准确、及时、全面的信息是有效物流管理的基础。另外，供应链物流管理主要是加强供应链中各实体之间的信息交流与协调，保持物流的顺畅和高效。

在由供应商和制造商组成的两级供应链中，供应链物流的首要目标是为制造商提供满意的物流服务。因此，SCLI 协同质量是制造商对物流需求的满足程度。在 JIT 系统中，所需的产品（零部件）应在适当的时间、按适当的数量从供应商分发给制造商。因此，SCLI 协同质量应该从正确的产品、正确的时间和正确的数量（即 JIT 视角）三个维度进行评价。

需要注意的是，供应链中的供应商与制造商长期合作，每个供应商向制造商提供固定的材料（或零件），因此，“正确的产品”可以视为已知维度，不再参与评价。因此，从 JIT 视角，SCLI 协同质量评价可以转化为一定条件下“正确的时间和正确的数量”的评价。

6.2　SPC 和信息熵方法

20 世纪 20 年代，美国 AT&T 贝尔实验室的统计学家休哈特（Walter Shewhart）开发了 SPC 来改善工业制造业。第二次世界大战后，贝尔实验室的工程师戴明博士在世界范围内进行了推广。从那时起，SPC 在产品质量改进和质量监督中就一直发挥着重要作用[149]。控制图是 SPC 的关键工具之一，通常包括一系列测量图和三条水平线：中心线（CL，一般情况下是平均值 μ）以及控制上限和下限（LCL 和 UCL）。在 SPC 应用中，UCL 和 LCL 通常是通过数据计算得到的，大多数 SPC 专家建议控制限值设定为 $\pm 3\sigma$，其中 σ 是标准偏差。对于正态分布，无论均值和 σ 是什么，如果过程确实是稳定且发生变化的，则数据在平均值 $\pm 3\sigma$ 范围内的概率为 99.73%。对于质量研究者和实践者来说，SPC 可以帮助他们区分过程中的异常波动和随机波动。然后，质量管理人员可以采取有针对性的具体措施消除异常，保持过程的稳定性。SPC 可用来提高制造过程和服务过程的质量。

熵最初是一个热力学上的概念，信息熵的概念由信息论之父——香农在 1948 年首次提出[150]。在信息论中，信息量经常被用来度量特定事件所带来的信息，信息熵是信息量的期望值[151]。熵常被用来衡量系统的无序程度，一般说来，系统的有序度越高，则其熵值越低，所含的信息就会越大；反之亦然。在包括质量评价在内的各种应用中，信息熵得到了非常广泛的应用。

在供应链中，整个物流信息形成的大系统毫无疑问可以看作是一个广义系统。信息熵可以定量地描述其静态和动态特征，反映信息过程中某一指标的无序、复杂或分散程度。此外，通过对信息不确定性程度的分析，可以度量各种因素对信息过程造成的信息质量问题。

SCLI 协同过程是一个服务过程，而 SCLI 协同系统可以视作一个广义系统。因此，本章采用 SPC 和信息熵方法对 SCLI 协同质量进行评价。

6.3 SCLI 协同质量评价方法

6.3.1 假设条件

提出的 SCLI 协同质量评价方法主要基于以下假设条件：

（1）制造商根据所需最终产品的数量和时间确定物料（零件或部件）到达制造商指定地点的规定数量和时间。

（2）每种物料只有一个供应商。

（3）供应商应在适当的时间以适当的数量供应物料（零件或部件）。

（4）对于标准件（如螺栓、螺母等），通常采用批量配送。对于体积和重量较大的非标准件，通常采用小批量、多频次配送。由于每种物料的体积、重量和配送工具不同，不同物料的交货时间也不同。供应商的交货数量和时间没有限制。

（5）不考虑物料的价格、交货方式和运输距离。

（6）制造商可以获得收到材料的数量和时间的准确信息。

本章中的主要符号及其含义见表 6-2。

表 6-2　主要符号及其含义

符号	含　义
A	Y 的物料需求关系矩阵
a_{ij}	物料需求关系矩阵系数，$a_{ij} \in A$
B	Y 产品的产量
b_i	y_i 产品的产量，$b_i \geqslant 0$ 而且 $b_i \in B$
e_j	第 j 个指标的熵值
F_i	y_i 产品的需求数量
g_j	物料 x_j 的差异系数
K_j	给定 Y 的第 j 种物料的需求数量
LIQ_j	第 j 个指标的综合评价结果
$N_{T_i^j}$	T_i^j 的二元表达（是一个流程参数）
P_{ij}	第 j 个指标的第 i 个系数的特性比例
q_j	实际收到第 j 种物料的数量
rt_i^j	第 j 次收到物料 x_i 的实际时间
st_i^j	第 j 次收到物料 x_i 的标准时间
T_i^j	第 j 次收到物料 x_i 的时间差值，第 j 次收到 x_i 的实际时间与标准时间之差
X	产品 Y 的物料集合
x_i	第 i 种物料，$x_i \in X$
Y	产品集合
y_i	第 i 种产品，$y_i \in Y$
θ_j	第 j 种物料的配送率
ρ_i	物料 x_i 的准时化配送率
ω_j	第 j 个指标的权重系数

6.3.2　协同质量评价模型

从 JIT 的角度来，当确定“正确的产品”时，SCLI 协同质量可以从“正确的时间和正确的数量”来评价。本章基于 SPC 和信息熵方法，从 JIT 视角提出了 SCLI 协同质量评价模型（图 6-1）：

6.3.2.1　确定数量和时间

（1）所需物料的标准数量

制造商的产品为 $\boldsymbol{Y}$，$\boldsymbol{Y}$ 的物料为 $\boldsymbol{X}$，根据 $\boldsymbol{Y}$ 的物料清单（BOM），$\boldsymbol{Y}$ 与 $\boldsymbol{X}$ 的关系为：

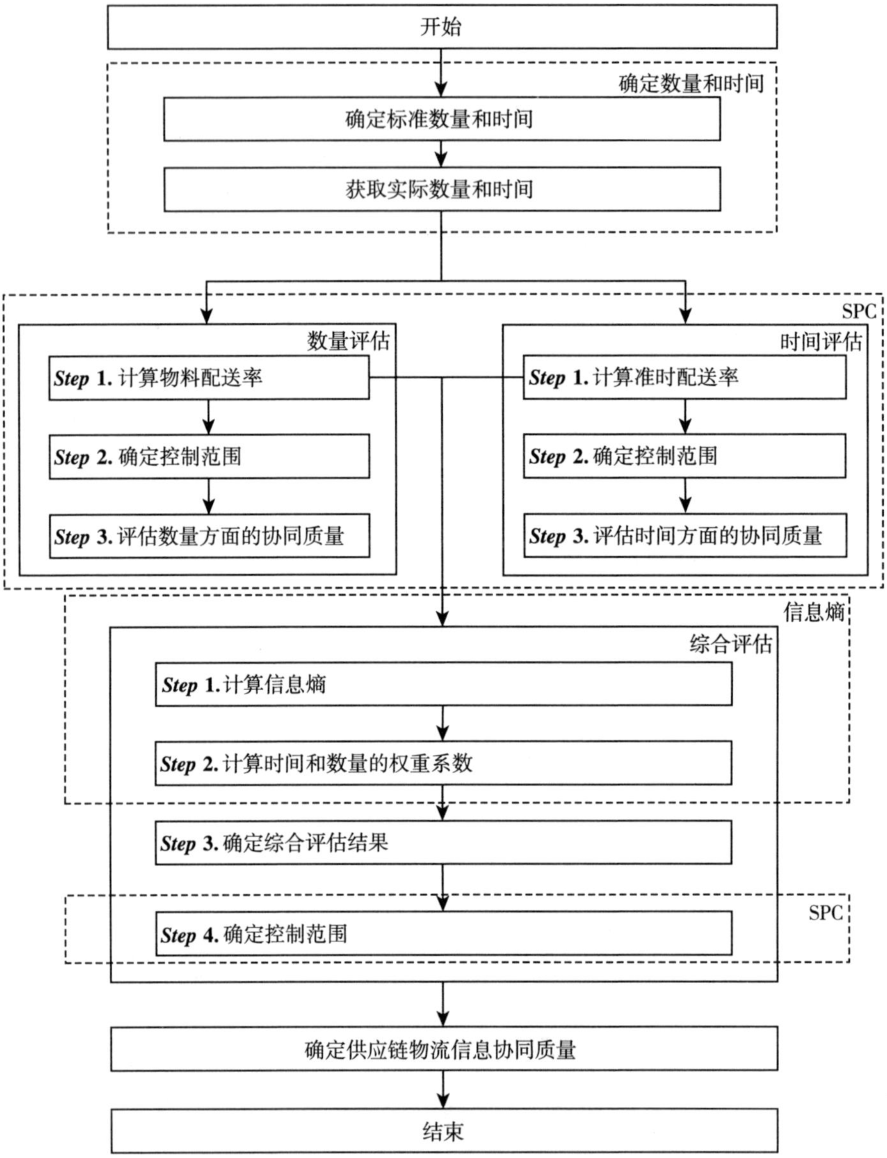

图 6－1　SCLI 协同质量评价模型

$$\boldsymbol{Y}=\begin{bmatrix}y_1\\y_2\\\vdots\\y_m\end{bmatrix}=\begin{bmatrix}a_{11}&\cdots&a_{1n}\\\vdots&\ddots&\vdots\\a_{m1}&\cdots&a_{mn}\end{bmatrix}\begin{bmatrix}x_1\\x_2\\\vdots\\x_m\end{bmatrix}=\boldsymbol{AX}\qquad(6-1)$$

在式（6-1）中，$\boldsymbol{A}$ 是 $\boldsymbol{Y}$ 的物料需求矩阵，即使是同样的产品，不同制造商的需求矩阵也可能会有所不同。$a_{ij} \in \boldsymbol{A}$ 且 $a_{ij} \geqslant 0$。当 $a_{ij} = 0$ 时，产品 y_i 不需要使用材料 x_j。当 $a_{ij} > 0$ 时，产品 y_i 包含 a_{ij} 单位的材料 x_j。

$$\boldsymbol{Y} = \begin{bmatrix} y_1 \\ y_2 \\ \vdots \\ y_m \end{bmatrix} = \begin{bmatrix} a_{11} & \cdots & a_{1n} \\ \vdots & \ddots & \vdots \\ a_{m1} & \cdots & a_{mn} \end{bmatrix} \begin{bmatrix} x_1 \\ x_2 \\ \vdots \\ x_m \end{bmatrix} = \boldsymbol{AX} \tag{6-2}$$

因此，对应于每个产品 y_i，所需的物料数量 F_i 为：

$$F_i = (y_i, a_{i1}x_1 + a_{i2}x_2 + \cdots + a_{in}x_n) \tag{6-3}$$

对于 $\boldsymbol{Y}$ 的给定产量 B（$b_i \geqslant 0$ 且 $b_i \in B$），所需的材料量 K_j 为：

$$K_j = (a_{1j}b_1 + a_{2j}b_2 + \cdots + a_{nj}b_n) \tag{6-4}$$

产品 $\boldsymbol{Y}$ 的物料需求矩阵可以表示为：

$$\boldsymbol{F} = [F_1, F_2, \cdots, F_m]^{\mathrm{T}} = [\boldsymbol{Y} \quad \boldsymbol{AX}] \tag{6-5}$$

（2）所需物料的标准时间

制造商根据其生产顺序计划和产品的制造过程，可以确定所需每种物料的标准时间（理论到货时间，也称标准到货时间）。制造商实施 JIT 供应后，要求供应商采用准时制供应物料，即在规定时间将所需物料运送到指定地点。

（3）实际数量和时间的获取

物流信息包括每批物料的实际入库数量和每批物料的实际到货时间。在现代物流系统中，数据可以从与物流相关的信息系统（如 WMS）中获取。

6.3.2.2　基于 JIT 的 SCLI 协同质量评价

（1）数量方面的评价

***Step* 1.** 计算物料交付率

如果 $\boldsymbol{Y}$ 已知，则可以确定每种材料的理论需求量。设 $[K_1, K_2, \cdots, K_m]$（$K_j \geqslant 0$）为每种材料的理论需求量，$[q_1, q_2, \cdots, q_m]$（$q_j \geqslant 0$）为每种材料的实际接收量，每种材料的理论需求量与实际接收量之间的比率为 $\theta_j = K_j / q_j$，则可以得到比率矩阵：

$$\theta = [\theta_1, \theta_2, \cdots, \theta_m] \tag{6-6}$$

理想情况下，$\theta_j \equiv 1$。然而，在实际生产过程中，各种随机因素（如废品、损耗等）都可能导致接收物料的数量偏差，每次交付的材料数量并不总是等于所需数量，即在一定时期内，所交付的材料数量是随机波动的。因此，在一定的控制范围内，θ_j 值的分布是随机的。

***Step* 2.** 确定控制范围

根据 SPC，当过程处于受控状态时，产品质量特征值将遵循一定的正态分布 $N(\mu,\sigma^2)$。此时，质量特征值在 $\mu\pm3\sigma$ 范围内的概率为 99.73%，超出范围的概率为 0.27%，几乎可以忽略不计。在本研究中，每种材料只有一个供应商，因此每种材料的供应是独立的，θ 的分布应遵循一定的正态分布 $N(\mu,\sigma^2)$。此外，在制造企业中，毫无疑问应控制材料的供应。因此，$\mu\pm3\sigma$ 可用作 θ 控制区间，即：

$$\begin{cases} CL=\mu \\ UCL=\mu+3\sigma \\ LCL=\mu-3\sigma \end{cases} \tag{6-7}$$

$$\begin{cases} \bar{\theta}=\dfrac{\sum\limits_{j=0}^{m}\theta_j}{m} \\ \sigma_\theta=\sqrt{\dfrac{\sum\limits_{j=0}^{m}(\theta_j-\bar{\theta})^2}{m}} \end{cases} \tag{6-8}$$

根据式（6-7）和式（6-8），可以计算 θ 的 UCL、CL 和 LCL，得到 θ 的控制图。

***Step* 3.** 确定数量方面的协同质量

根据 SPC，对于特定的 θ_j，如果 θ_j 在这个控制范围内，则表示实际收到的材料量与理论上的材料需求量相同。SCLI 真实、准确、完整。因此，SCLI 协同质量在数量方面是好的。反之，如果 θ_j 超过了这个控制范围，则说明 SCLI 协同过程中存在质量问题（如虚假、不准确、不完整等）。因此，SCLI 协同质量在数量方面较差。用 $\mu\pm3\sigma$ 表示的 θ_j 对动态协同质量评价的置信概率为 99.73%，可以客观地评价 SCLI 协同质量的优劣。

（2）时间方面的评价

***Step* 1.** 计算准时配送率

物料 x_i 的第 j 次交货的时间差为：

$$T_i^j = rt_i^j - st_i^j \tag{6-9}$$

式中，rt_i^j 为物料 x_i 第 j 次配送的实际到货时间，st_i^j 为物料 x_i 第 j 次配送的标准到货时间，$T_i^j > 0$ 表示实际到货时间晚于标准到货时间。令：

$$N_{T_i^j} = \begin{cases} 1, T_i^j \leqslant 0 \\ 0, T_i^j > 0 \end{cases} \tag{6-10}$$

式中，$N_{T_i^j}$ 为 T_i^j 的二元表达式。某时间段内物料 x_i 准时交货率 ρ_i 为：

$$\rho_i = \frac{\sum_{j=1}^{n} N_{T_i^j}}{n} \tag{6-11}$$

$$\rho = [\rho_1, \rho_2, \cdots, \rho_n] \tag{6-12}$$

从 JIT 的角度，提前或者靠后交货都会对供应链产生负面的影响。理想情况下，$\rho_i \equiv 1$，但在实际中，各种因素（如信息输入滞后、传输延迟、信息处理不及时等）都可能导致延迟交货。故在一定的控制范围内，ρ_i 分布是随机的。

***Step* 2.** 确定控制范围

根据 SPC，可以根据式（6－12）得到 ρ_i 的控制范围。与均值 $\bar{\theta}$ 和标准差 σ_θ 类似，可以计算 ρ 的均值 $\bar{\rho}$ 和标准差 σ_ρ：

$$\begin{cases} \bar{\rho} = \dfrac{\sum_{i=0}^{n} \rho_i}{n} \\ \sigma_\rho = \sqrt{\dfrac{\sum_{i=0}^{n} (\rho_i - \bar{\rho})^2}{n}} \end{cases} \tag{6-13}$$

根据式（6－12）和式（6－13），计算 ρ 的 UCL、CL 和 LCL，得到 ρ 的控制图。

***Step* 3.** 评估时间方面的协同质量

根据 SPC，类似于数量方面的协同质量评价，对于一个特定的 ρ_i，如果 ρ_i 在控制范围内，SCLI 的时间方面是好的。反之，若 ρ_i 超过此控制范围，则说明 SCLI 处理存在异常（如决策延迟、交货延迟等），时间方面的 SCLI 协同质量较差。

(3) SCLI 协同质量的综合评价

***Step* 1.** 计算信息熵

熵是空间 $X=[x_1,x_2,\cdots,x_i]$ 上概率分布的重要概念，大多数人接受的是 Shannon 熵[148]，即：

$$H(P)=-\sum_{i=1}^{n}P_i\ln P_i \tag{6-14}$$

式中 P_i 表示向量中第 i 元素的概率。

根据式（6-15），可以计算第 j 个指标的第 i 个系数的特征比 P_{ij}：

$$P_{ij}=\frac{x_{ij}}{\sum_{i=1}^{n}x_{ij}} \tag{6-15}$$

式中 x_{ij} 表示第 j 个指标的第 i 个信息的测量值。然后，指数的熵 e_j 为：

$$e_j=-k\sum_{i=1}^{n}P_{ij}\ln P_{ij} \tag{6-16}$$

在式（6-16）中 $0\leqslant e_j\leqslant 1$ 时，系数 k 可根据式（6-17）计算。当 x_{ij} 全部相等时，$P_{ij}=1/n$，此时，$e_j=e_{\max}=1$。

$$k=\frac{1}{\ln n} \tag{6-17}$$

***Step* 2.** 计算时间和数量的权重系数

当 x_{ij} 的差值较小时，e_j 越大。当 $e_j=e_{\max}$ 时，x_j 在系统之间的比较变得没有意义。另一方面，当 x_{ij} 的差值较大时，e_j 会变得越小，表明该指标的重要程度越高。根据式（6-18）计算 x_j 的系数 g_j，当 g_j 较大时，应更加注意该指标。

$$g_j=1-e_j \tag{6-18}$$

第 j 个指标的权重系数 ω_j 为：

$$\omega_j=\frac{g_j}{\sum_{j=1}^{m}g_j} \tag{6-19}$$

式中 $j=1,2,\cdots,m$。

***Step* 3.** 确定综合评价结果

第 j 指标的综合评价结果 LIQ_j 为：

$$LIQ_j=\omega_j\theta_j+(1-\omega_j)\rho_j \tag{6-20}$$

***Step* 4.** 确定控制范围

与均值 $\bar{\theta}$ 和标准差 σ_θ 类似，可以得到 LIQ 的平均值 $\overline{LIQ}$ 和标准差 σ_{LIQ}：

$$\begin{cases} \overline{LIQ} = \dfrac{\sum\limits_{i=0}^{n} LIQ_i}{n} \\ \sigma_{LIQ} = \sqrt{\dfrac{\sum\limits_{i=0}^{n} (LIQ_i - \overline{LIQ})^2}{n}} \end{cases} \tag{6-21}$$

根据式（6－20）和式（6－21）获得 LIQ 的 UCL、CL 和 LCL，绘制 LIQ 控制图。

（4）确定 SCLI 协同质量

根据 SPC，类似于数量和时间方面的协同质量评价，对于特定的 LIQ_j，如果在控制范围内，则说明 SCLI 协同质量正常，则保持现有 SCLI 协同状态；相反，则说明 SCLI 协同的过程存在异常，则应采取适当措施，提高该物料的 SCLI 协同质量。

6.4　实例验证

以农机装备制造企业——某公司供应链为例，该供应链包括该公司（核心制造商）和众多的零部件供应商。该公司生产的所有产品都在一条装配线上装配，实行混流生产。为保证生产的顺利进行，该公司实行 JIT 供应，要求所有供应商准时交付物料，其与供应链上所有供应商长期合作，各家供应商向其提供固定种类的零部件。供应链整体的信息化基础较好，该公司的信息系统包括 CRM、ERP、MES、PMS、WMS、LMS、SRM 等，所用到的数量和时间数据都可以方便地从这些信息系统中获取。

6.4.1　物料需求数量和时间确定

由于时间数据的计算过程较简单，这里只给出物料数量相关数据的计算过程。

6.4.1.1　所需物料数量

制造商部分产品与物料的关系见表 6－3。

表 6-3　产品和物料的关系

产品	x_1	x_2	x_3	x_4	x_5	x_6	x_7	x_8	x_9	x_{10}	x_{11}	x_{12}	x_{13}	x_{14}
y_1	1	0	0	4	1	1	0	0	10	6	0	2	2	13
y_2	1	0	0	4	1	1	0	0	10	6	0	2	2	17
y_3	1	0	0	4	1	1	0	0	10	10	0	4	2	17
y_4	1	0	0	4	1	0	0	0	10	10	0	4	2	17
y_5	1	0	0	4	1	0	0	0	10	10	0	4	8	17
y_6	1	0	0	6	2	1	1	4	22	4	8	8	8	28
y_7	1	0	0	6	2	1	0	4	20	4	8	0	8	28
y_8	1	1	0	4	1	1	0	0	10	6	0	2	2	17
y_9	1	1	0	4	1	0	0	0	10	6	0	2	2	17
y_{10}	1	1	0	4	1	1	0	0	10	6	0	4	2	17
y_{11}	1	1	0	4	1	1	0	0	10	6	0	4	2	17
y_{12}	1	1	0	4	1	1	1	0	10	6	0	8	2	17
y_{13}	1	1	0	6	2	0	0	4	20	4	8	0	8	28
y_{14}	1	1	0	6	2	1	0	4	20	4	8	0	8	28
y_{15}	1	1	1	8	2	0	0	4	20	4	8	6	8	28
y_{16}	1	1	1	8	2	1	1	4	24	4	8	8	8	28
y_{17}	1	1	0	4	1	0	0	4	10	10	0	2	2	17

由表 6-3 可得对应物料需求变换矩阵 $\boldsymbol{A}$ 为：

$$
\boldsymbol{A}=\begin{bmatrix}
1 & 0 & 0 & 4 & 1 & 1 & 0 & 0 & 10 & 6 & 0 & 2 & 2 & 13\\
1 & 0 & 0 & 4 & 1 & 1 & 0 & 0 & 10 & 6 & 0 & 2 & 2 & 17\\
1 & 0 & 0 & 4 & 1 & 1 & 0 & 0 & 10 & 10 & 0 & 4 & 2 & 17\\
1 & 0 & 0 & 4 & 1 & 0 & 0 & 0 & 10 & 10 & 0 & 4 & 2 & 17\\
1 & 0 & 0 & 4 & 1 & 0 & 0 & 0 & 10 & 10 & 0 & 4 & 8 & 17\\
1 & 0 & 0 & 6 & 2 & 1 & 1 & 4 & 22 & 4 & 8 & 8 & 8 & 28\\
1 & 0 & 0 & 6 & 2 & 1 & 0 & 4 & 20 & 4 & 8 & 0 & 8 & 28\\
1 & 1 & 0 & 4 & 1 & 1 & 0 & 0 & 10 & 6 & 0 & 2 & 2 & 17\\
1 & 1 & 0 & 4 & 1 & 0 & 0 & 0 & 10 & 6 & 0 & 2 & 2 & 17\\
1 & 1 & 0 & 4 & 1 & 1 & 0 & 0 & 10 & 6 & 0 & 4 & 2 & 17\\
1 & 1 & 0 & 4 & 1 & 1 & 0 & 0 & 10 & 6 & 0 & 4 & 2 & 17\\
1 & 1 & 0 & 4 & 1 & 1 & 1 & 0 & 10 & 6 & 0 & 8 & 2 & 17\\
1 & 1 & 0 & 6 & 2 & 0 & 0 & 4 & 20 & 4 & 8 & 0 & 8 & 28\\
1 & 1 & 0 & 6 & 2 & 1 & 0 & 4 & 20 & 4 & 8 & 0 & 8 & 28\\
1 & 1 & 1 & 8 & 2 & 0 & 0 & 4 & 20 & 4 & 8 & 6 & 8 & 28\\
1 & 1 & 1 & 8 & 2 & 1 & 1 & 4 & 24 & 4 & 8 & 8 & 8 & 28\\
1 & 1 & 0 & 4 & 1 & 0 & 0 & 4 & 10 & 10 & 0 & 2 & 2 & 17
\end{bmatrix}
$$

该供应链中的核心制造商 10—12 月份实际产品产量见表 6 - 4。各种物料理论需求数量（即标准需求数量）可通过计算获得（表 6 - 5）。

表 6 - 4　实际产品产量

产品	10 月份	11 月份	12 月份	产品	10 月份	11 月份	12 月份
y_1	0	5	0	y_{10}	380	0	0
y_2	10	3	16	y_{11}	78	0	0
y_3	12	14	0	y_{12}	17	53	131
y_4	17	0	24	y_{13}	11	64	71
y_5	6	9	17	y_{14}	0	0	202
y_6	19	6	107	y_{15}	9	19	0
y_7	31	18	45	y_{16}	45	117	23
y_8	9	9	10	y_{17}	90	82	76
y_9	43	46	148	合计	777	445	870

表 6 - 5　理论需求量

物料	理论需求量			实际收到的物料数量		
	10 月份	11 月份	12 月份	10 月份	11 月份	12 月份
x_1	777	445	870	777	445	870
x_2	682	390	661	682	390	661
x_3	54	136	23	54	136	23
x_4	3 650	2 603	4 628	3 600	2 603	4 628
x_5	1 000	735	1 831	1 000	735	1 831
x_6	690	264	618	660	264	618
x_7	85	215	270	85	215	270
x_8	900	2 251	2 245	900	2 251	2 245
x_9	9 600	7 200	14 300	9 300	7 200	14 300
x_{10}	5 100	2 860	5 200	5 000	2 860	5 200
x_{11}	1 200	1 850	3 850	1 000	1 850	3 750
x_{12}	3 018	2 106	2 900	3 018	2 106	2 900
x_{13}	2 600	2 400	4 650	2 600	2 400	4 650
x_{14}	18 000	11 800	21 200	18 000	11 800	21 200

6.4.1.2 所需材料的标准时间

根据制造商的订单（或产品计划），利用 ERP 系统计算所需各种物料的交付时间（标准时间），各供应商依据 JIT 供应原则，准时将所需的物料送到指定地点。

6.4.1.3 实际数量和时间的获取

实际收到物料数量和时间数据可以从制造商的 WMS 中获得。制造商实际收到的材料数量见表 6-5。

6.4.2 协同质量评价

6.4.2.1 数量方面的评价

***Step* 1.** 计算物料配送率

根据 $\theta_j = K_j / q_j$，可以得到 10 月份到 12 月份的矩阵 θ，如表 6-6 所示。

表 6-6 10—12 月份的 θ

月份	x_1	x_2	x_3	x_4	x_5	x_6	x_7	x_8	x_9	x_{10}	x_{11}	x_{12}	x_{13}	x_{14}	μ	σ
10	1	1	1	1.06	1.12	1.15	1.05	1.1	1.05	1.03	1.3	1.01	1.14	1.24	1.09	0.09
11	1	1	1	1.04	1.1	1.17	1.22	1.84	1	1.08	1.03	1.11	1.05	1.18	1.13	0.21
12	1	1	1	1.05	1.39	1.16	1.03	1.07	1.06	1.09	1.07	1.05	1.03	1.08	1.08	0.1

***Step* 2.** 确定控制范围

由式（6-7）可知，10 月份至 12 月份 θ 的控制范围应为：（0.82，1.36）、（0.5，1.76）、（0.78，1.38）。考虑到公司实施 JIT，实际收到的物料数量必须等于理论需求量，即 $\theta \equiv 1$。然而，在实际中，为了保证供应，供应商往往会提供超过理论需求量的物料，因此，$\theta \geqslant 1$。10 月份至 12 月份的修正控制范围如表 6-7 所示。

表 6-7 物料数量的控制范围

月份	μ	σ	3σ	$CL = \mu$	$UCL = \mu + 3\sigma$	$LCL = \mu - 3\sigma$
10	1.09	0.09	0.27	1.09	1.36	1.00
11	1.13	0.21	0.63	1.13	1.76	1.00
12	1.08	0.10	0.30	1.08	1.38	1.00

以 11 月份物料数量为例，该 SCLI 质量控制图如图 6-2 所示。

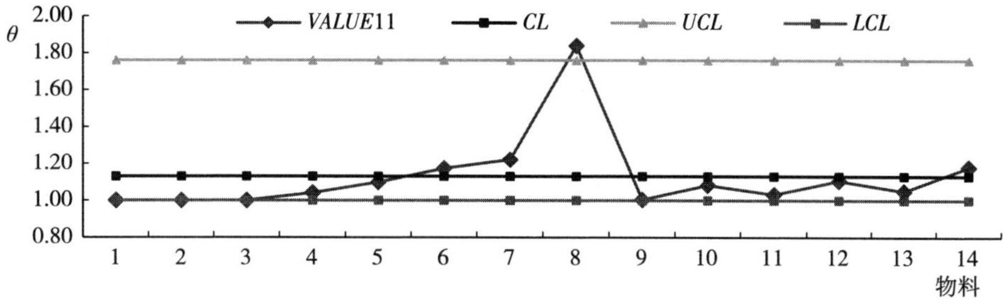

图 6-2　物料信息质量控制（数量方面）

***Step* 3.** 评价数量方面的协同质量

根据 SPC，θ 应接近中心线，并随机分布在中心线两侧。然而，在图 6-2 中，它们大多位于中心线和最低线之间，甚至接近（或等于）最低线。原因是核心制造商实行准时制，实际收到的物料量应与理论需求量相等。然而，由于交货批次、成本等原因，供应商仍有可能在一定范围内配送更多的物料。因此，x_1、x_2、x_3 和 x_9 物料的供应满足 JIT 的要求，其他物料供应正常（x_8 除外）。然而，对于物料 x_8，实际收到物料数量与理论需求物料数量之比为 1.84，比控制上限 1.76 高 0.08。如果排除物料与对应产品（y_6、y_7、y_{13}、y_{14}、y_{15}、y_{16} 和 y_{17}）之间物料转换关系的问题，则认为物料 x_8 的 SCLI 协同存在数量方面的协同质量问题。

从数量方面分析，x_1、x_2、x_3 和 x_9 物料的供应完全满足 JIT 供应的要求，因此该供应链的 SCLI 协同质量较高。同时，如果考虑到配送批量、配送成本等因素的影响，也可以接受其他物料的供应（除了 x_8），它们的 SCLI 协同质量也可以接受。但是，如果排除物料与相应产品之间的物料转换关系问题，则不能接受 x_8 物料的供应，其供应链的 SCLI 协同质量不合格。因此，应该特别关注 x_8 的 SCLI 协同质量。研究结果有助于确定产生问题的方向，并采取有针对性的措施来满足 JIT 供应的要求。

6.4.2.2　时间方面的评价

***Step* 1.** 计算准时配送率

根据该制造商 10 月份至 12 月份的生产顺序计划，可得到所需 14 种物料的标准时间和配送次数，并根据从 WMS 获取的实际交货时间，利用式（6-10）～式（6-12）计算可以分别得到所需 14 种物料的准时配送率（表 6-8）。

表 6-8　物料准时配送率

物料	10 月份	11 月份	12 月份
x_1	0.974	0.955	0.968
x_2	0.979	0.944	0.977
x_3	0.963	0.956	1.000
x_4	0.973	0.889	0.936
x_5	0.950	0.946	0.789
x_6	0.870	0.815	0.903
x_7	0.894	0.944	0.870
x_8	0.833	0.826	0.870
x_9	0.875	0.903	0.916
x_{10}	0.569	0.759	0.923
x_{11}	1.000	0.789	0.769
x_{12}	0.968	0.864	0.724
x_{13}	0.923	0.833	0.851
x_{14}	0.906	0.907	0.934
μ	0.905	0.881	0.888
σ	0.109	0.067	0.081

***Step* 2.** 确定控制范围

根据式（6-13），可以计算 ρ 的平均值和标准方差。由于核心制造商实施 JIT，要求所有供应商准时配送所需物料（即 $\rho_j \equiv 1$），因此 $UCL=1$。这应当是最大取值，也是理想状态。因此，修正后的控制范围可按式（6-7）得到，具体见表 6-9。根据表 6-9，可以绘制 ρ 的控制图，如图 6-3 所示。

表 6-9　物料准时化配送率控制范围

月份	μ	σ	3σ	$CL=\mu$	$UCL=\mu+3\sigma$	$LCL=\mu-3\sigma$
10	0.905	0.109	0.327	0.905	1.00	0.578
11	0.881	0.067	0.201	0.881	1.00	0.680
12	0.888	0.081	0.243	0.888	1.00	0.645

***Step* 3.** 评估时间方面的协同质量

在图 6-3 中，$\bar{\rho}=0.905$。根据 SPC，ρ_j 应接近 0.905，并随机分布在中

心线两侧。同时，根据 JIT 要求，理想状态为 $\rho_j \equiv 1$。因此，对于 x_{11} 物料，准时交货率为 1.000，相当于 1.00 的控制上限，满足 JIT 的要求。其他物料供应正常（除 x_{10} 外）。然而，对于物料 x_{10}，准时交货率为 0.569，比 0.578 的最低控制限值小 0.009。如果不考虑生产顺序计划和产品制造过程的问题，那么物料 x_{11} 的 SCLI 协同存在时间方面的协同质量问题。

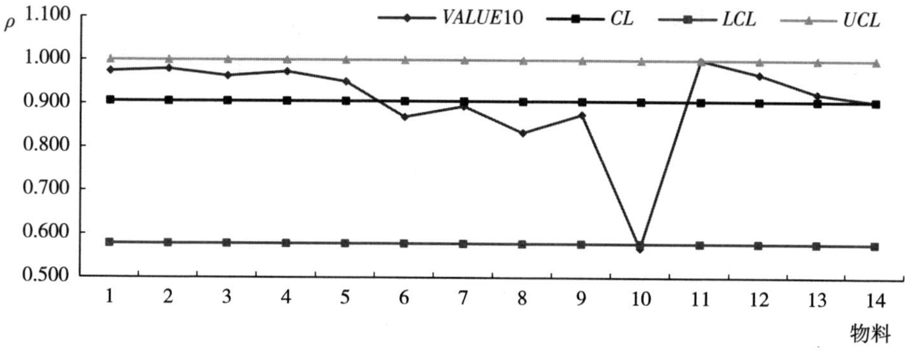

图 6－3　物料信息质量控制（时间方面）

从时间方面分析，物料 x_{11} 的供应完全满足 JIT 供应要求，其 SCLI 协同质量较高。同时，如果在实际制造过程中考虑各种随机因素的影响，也可以接受其他物料（除了 x_{10} ）的供应，它们的 SCLI 协同质量也可以接受。但是，如果排除生产顺序计划和产品制造过程的问题，则不能接受物料 x_{10} 的供应，其 SCLI 协同质量不合格。

6.4.2.3　SCLI 协同质量的综合评价

***Step* 1.** 计算信息熵

以 10 月份物料数据为例。根据式（6－14），数量和时间的计算结果见表 6－10。根据式（6－16），当 $n=14$ 时，$k=0.3789$。因此，根据式（6－16），可以通过计算分别得到时间信息熵和数量信息熵如下：

$$\begin{cases} e_Q = 0.3789 \times 2.6357 = 0.9987 \\ e_T = 0.3789 \times 2.6316 = 0.9971 \end{cases} \tag{6-22}$$

据式（6－18），可以通过计算分别得到时间方面和数量方面的系数如下：

$$\begin{cases} g_Q = 1 - e_Q = 1 - 0.9987 = 0.0013 \\ g_T = 1 - e_T = 1 - 0.9971 = 0.0029 \end{cases} \tag{6-23}$$

***Step* 2.** 计算时间和数量的权重系数

根据式（6－19），时间和数量的权重可分别计算如下：

$$\begin{cases} \omega_Q = \dfrac{0.0013}{0.0013+0.0029} = 0.3095 \\ \omega_T = \dfrac{0.0029}{0.0013+0.0029} = 0.6905 \end{cases} \tag{6-24}$$

分析权重的计算结果，时间方面的权重大于数量方面的权重。因此，在控制供应链信息协同质量时，要更加注意控制时间方面的协同质量。

***Step* 3.** 确定综合评价结果

根据式（6－20），可以通过计算得到综合评价结果如表 6－10 所示。

***Step* 4.** 确定控制范围

根据式（6－21），*LIQ* 的平均值和标准方差可计算如下：

$$\begin{cases} \overline{LIQ} = 0.9624 \\ \sigma_{LIQ} = 0.0806 \end{cases} \tag{6-25}$$

表 6－10　综合评价结果

物料	数量方面			时间方面			综合结果
	θ	P_{ij}	$-P_{ij}\ln P_{ij}$	ρ	P_{ij}	$-P_{ij}\ln P_{ij}$	
x_1	1.00	0.065 6	0.178 7	0.974	0.076 8	0.197 1	0.982 0
x_2	1.00	0.065 6	0.178 7	0.979	0.077 2	0.197 7	0.985 5
x_3	1.00	0.065 6	0.178 7	0.963	0.076 0	0.195 9	0.974 5
x_4	1.06	0.069 5	0.185 3	0.973	0.076 8	0.197 1	0.999 9
x_5	1.12	0.073 4	0.191 7	0.950	0.074 9	0.194 1	1.002 6
x_6	1.15	0.075 4	0.194 9	0.870	0.068 6	0.183 8	0.956 7
x_7	1.05	0.068 9	0.184 3	0.894	0.070 5	0.187 0	0.942 3
x_8	1.1	0.072 1	0.189 6	0.833	0.065 7	0.178 9	0.915 6
x_9	1.05	0.068 9	0.184 3	0.875	0.069 0	0.184 5	0.929 2
x_{10}	1.03	0.067 5	0.182 0	0.569	0.044 9	0.139 3	0.711 7
x_{11}	1.3	0.085 2	0.209 8	1.000	0.078 9	0.200 4	1.092 9
x_{12}	1.01	0.066 2	0.179 7	0.968	0.076 4	0.196 5	0.981 0
x_{13}	1.14	0.074 8	0.194 0	0.923	0.072 8	0.190 7	0.990 2
x_{14}	1.24	0.081 3	0.204 0	0.906	0.071 5	0.188 6	1.009 4
合计	15.25	1.000 0	2.635 7	12.677	1.000 0	2.631 6	

由式（6-7）可知可以得到 *LIQ* 的 10 月份控制范围，见表 6-11。10 月份综合评价结果（*CER*）、*CER* 的 *UCL* 和 *LCL* 、时间评价结果（*TER*）、数量评价结果（*QER*）的比较如图 6-4 所示。与 10 月的综合评价过程类似，还可以得到 11 月和 12 月的综合评价结果。

表 6-11　*LIQ* 的控制范围

月份	μ	σ	3σ	$CL=\mu$	$UCL=\mu+3\sigma$	$LCL=\mu-3\sigma$
10	0.962 4	0.080 6	0.241 8	0.962 4	1.204 2	0.720 6

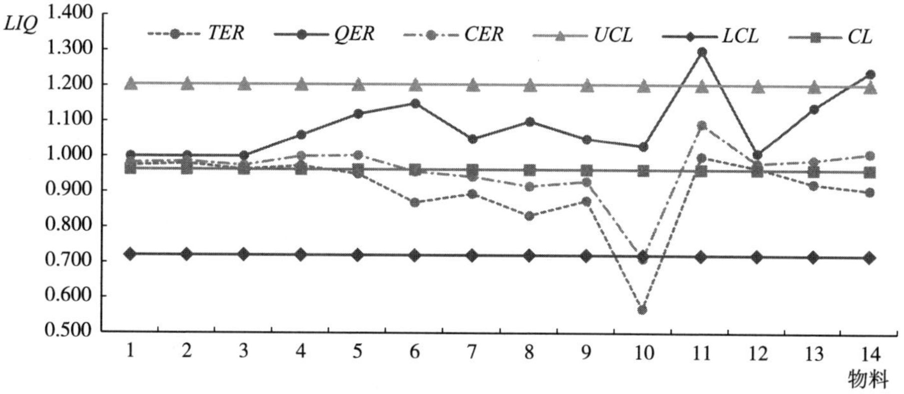

图 6-4　对比图

6.4.3　协同质量确定

在图 6-4 中，$\overline{LIQ}=0.962\,4$。从综合评价结果分析，大部分物料的分布都能满足相应的要求，因此大部分物料的 SCLI 协同质量处于正常状态。而对于 x_{10} 物料，综合评价结果为 0.711 7，接近最低控制线，仅比最低控制限 0.720 6 高 0.008 9。同时，对于物料 x_{11}，综合评价结果为 1.092 9，仅比控制上限 1.204 2 低 0.111 3。因此，物料 x_{10} 和 x_{11} 的 SCLI 协同存在质量问题。同时，物料 x_{10} 的供应链存在着更为严重的 SCLI 协同质量问题。

对于 SCLI 协同质量处于正常状态的大部分物料供应链，应当保持其 SCLI 协同措施；但对于物料 x_{10} 和 x_{11} 的供应链，应当采取措施，提高 SCLI 协同质量，在未来的供应链物流合作中，应该更加关注物料 x_{10} 和 x_{11} 的 SCLI 协同质量，尤其是 x_{10}。

通过对比10月份的数据可以发现，虽然大部分物料供应满足JIT供应的要求，但物料数量和时间方面的协同质量问题仍然存在。特别是当数量和时间的协同质量发生相反的变化时，即使变化较大，综合评价结果仍可能在控制范围内，如物料 x_{13} 和 x_{14}。同时，时间方面协同质量对综合结果的影响大于数量方面协同质量的影响。时间方面的协同质量问题往往会导致更严重的问题。例如，物料 x_{10} 供应链的物流信息协同质量综合评价不高的主要原因是 x_{10} 物料供应不及时。第二个原因是物料 x_{10} 的数量不够精确。此外，当数量和时间协同质量同向变化时，二者的变化会叠加在一起，从而加剧综合评价结果的变化（如物料 x_{11} ）。

实例验证了从JIT视角评价SCLI协同质量评价方法的可行性。该方法从JIT视角，以“正确的时间”和“正确的数量”作为出发点，而且在SCLI协同质量评价过程中不涉及主观因素，评价结果是客观的；同时，不仅给出了时间和数量各自的评价结果，而且给出了综合评价结果，有助于做出正确的评价结论。基于客观的评价结果，对存在异常的SCLI协同质量采取有针对性的措施，提高解决SCLI协同质量问题的效率。为提高SCLI协同质量实现智能制造环境下混流生产的供应链物流精准服务提供重要支持，同时评价结果也可以作为供应链对合作伙伴进行奖罚的重要依据。

6.5 本章小结

本章首先对智能制造环境下混流生产的SCLI协同质量问题进行了分析，基于智能制造对供应链物流精准供应的需求，提出将SCLI协同质量评价与JIT理念相结合，从JIT视角对SCLI协同质量进行评价，在“正确零件”作为已知要素的基础上，将SCLI协同质量的评价转化为“正确的时间”和“正确的数量”评价。然后，基于SPC和信息熵方法，提出了一种SCLI协同质量评价方法。运用SPC方法从时间和数量两个方面对协同质量进行评价，采用信息熵方法分别确定时间和数量的权重，最后确定综合评价结果；再根据SPC方法，可以确定SCLI协同质量的综合评价结果。研究结果不仅为SCLI协同质量评价提供了一个新的视角，对SCLI协同采取针对性的措施，有效解决其中存在的物流信息协同质量问题，同时评价结果也可以作为供应链对合作伙伴进行奖罚的重要依据。

第7章 结论与展望

7.1 主要研究工作及结论

实现制造业从传统制造向智能制造转型是一项复杂的系统化工程。为解决传统供应链物流协同性不足难以提供智能制造要求的精准服务这一影响智能制造系统发挥作用的重要问题，以农机装备制造型企业为研究对象，集成演化博弈理论、广义灰色关联分析、统计过程控制、信息熵等方法，从组织、网络、流程和质量角度对智能制造环境下混流生产的供应链物流信息协同机制进行探索，形成了一套以“组织层-网络层-业务层-应用层”四个层面有机组合为核心的智能制造环境下混流生产的 SCLI 协同机制，为实现智能制造环境下供应链物流精准物流服务提供理论和方法支撑。本书的主要研究工作及结论概括如下：

（1）智能制造环境下混流生产特征及 SCLI 协同需求分析

分析了智能制造环境下混流生产的特征以及此环境下的供应链物流运作模式和 SCLI 特征。SCLI 协同是指与供应链物流活动相关的所有信息的协同，其目的是使供应链上与物流信息相关的信息在规定的时间和空间内，按照统一的规则实现物流信息的有序流转，使供应链能够做出及时准确的物流活动决策。实现 SCLI 协同需要供应链物流合作伙伴全面参与物流信息协同，在信息网络上实现相关重要节点提供关键信息，在流程上实现信息的及时稳定传递，在应用时获得高质量的协同。为实现 SCLI 协同必须建立相应的机制，提出了包含组织层的供应链合作伙伴物流信息协同策略、网络层的

SCLI 协同网络结构、业务层的 SCLI 协同流程优化模型和应用层的 SCLI 协同质量评价方法四个层面有机组合的 SCLI 协同机制框架。

（2）基于 EGT 的供应链合作伙伴物流信息协同策略研究

组织层的供应链合作伙伴物流信息协同是实现 SCLI 协同的组织基础工作。通过构建基于 EGT 的供应链合作伙伴物流信息协同策略模型，分析形成 SCLI 协同演化稳定策略，探讨了 SCLI 协同形成机理。分析认为：供应链上的合作伙伴在实践中会不断调整策略，最终达到 SCLI 协同；合适的收益分配系数有助于供应链企业选择 SCLI 协同策略；额外收益越多，供应链企业选择 SCLI 协同策略的可能性越大；风险越高供应链企业 SCLI 协同策略所占比例越低；SCLI 协同成本越大，供应链企业采用 SCLI 协同战略的意愿越低；如果不采用 SCLI 协同的供应链节点企业能够获得足够的收益，其他企业也将不协同物流信息；提高成本分摊系数、惩罚系数都可以促进供应链节点企业选择 SCLI 协同。

（3）基于 GGRA 和 DEMATEL 的 SCLI 协同网络结构的优化研究

网络层的 SCLI 协同网络结构是实现 SCLI 协同的网络基础。通过对 SCLI 协同网络结构进行分析，将网络节点分为物流信息提供者节点和网络管理者节点两类，网络结构构建的重点是网络管理者节点的选择。供应链物流决策本质上是依靠 SCLI 网络节点提供的各种信息做出决策，因此，网络节点所提供的物流信息对物流决策越重要，则该节点的重要度越高。根据灰色系统理论，将与决策结果的灰色关联度定义为 SCLI 协同网络节点重要度。基于 GGRA 和 DEMATEL 方法建立了 SCLI 协同网络节点重要度评价模型，并用实例进行了验证。结果表明，该模型能够对 SCLI 协同网络结构进行优化，可以降低信息交换成本和决策复杂度。

（4）基于 GAC 的 SCLI 协同流程优化模型研究

业务层的 SCLI 协同流程优化模型是实现 SCLI 协同的业务流程保证。分析了 SCLI 协同流程框架，指出 SCLI 协同流程稳定性是影响 SCLI 协同成效的重要指标，用 SCLI 需求节点收到同一种物流信息数据序列的特性可以确定 SCLI 协同流程中各个节点的协同情况。以供应链网络管理节点收到物流信息的实际时间和标准时间之差建立 SCLI 流程数据序列，通过对传统稳定性评价方法评价结果的分析，设计了基于 GAC 的 SCLI 协同流程稳定性评价模型，并对其灵敏性进行分析和实例验证。结果表明，所设计的 SCLI 协同流程稳定性方法可以实现对 SCLI 协同流程稳定性的评价。以该方法为核心，构建了 SCLI 协同流程优化模型，为实现 SCLI 协同流程优化提供了支持。

（5）基于 SPC 和信息熵的 SCLI 协同质量评价方法研究

应用层的 SCLI 协同质量评价是 SCLI 协同效果的应用效果评价。分析了 SCLI 协同质量评价问题，结合智能制造对供应链物流的需求和 JIT 生产在企业中的应用，将 SCLI 协同质量定义为供应链物流目标的实现程度，提出从 JIT 视角对供应链物流协同质量进行评价。构建基于 SPC 和信息熵的 SCLI 协同质量评价方法，并进行了实例验证。结果表明，所构建的 SCLI 协同质量评价方法可以实现对 SCLI 协同质量的评价。

7.2　主要创新点

本研究的主要创新点包括以下四个方面：

（1）构建了基于 EGT 的供应链合作伙伴物流信息协同策略模型

针对供应链合作伙伴选择 SCLI 协同策略的问题，基于收益最大化，构建了基于 EGT 的 SCLI 协同演化博弈模型；解析了制造商、供应商以及二者联合演化博弈过程；分析了额外收益及其分配系数、风险系数、协同成本、惩罚系数等相关因素对 SCLI 协同策略选择的影响。研究结果为制造型企业实践 SCLI 协同提供了理论基础，有助于提高供应链节点企业的 SCLI 协同意识和协同行为。同时可为供应链制定具体措施改善 SCLI 协同环境，激励供应链企业实施物流信息协同行为提供理论支持。

（2）提出了基于 GGRA 和 DEMATEL 的 SCLI 网络节点重要度评价方法

针对智能制造环境下 SCLI 网络分布范围广、节点数量多且动态变化等特点，SCLI 协同及准确决策困难的问题，从 SCLI 网络使用者的角度，以网络节点所提供的信息对供应链物流决策的重要性为主要测度指标，提出了一种基于 GGRA 和 DEMATEL 的 SCLI 网络节点重要度评价方法。利用 GGRA 获取各个网络节点物流信息与物流决策结果之间以及网络节点物流信息之间的灰色综合关联度，利用 DEMATEL 计算网络节点物流信息之间的影响度和被影响度，然后确定各个网络节点物流信息与物流决策结果之间的最终重要度，确定少量但对 SCLI 决策起到关键作用的网络节点，在决策中重点予以关注。应用该方法对 SCLI 协同网络结构进行优化，可以实现降低信息交换成本和决策复杂度之目的。

（3）建立了基于 GAC 的 SCLI 协同流程稳定性评价模型

针对 SCLI 协同流程稳定性评价问题，基于 GRA 理论，建立 SCLI 协同流程数据序列，利用 GAC 方法判断排序数据序列之间的灰色绝对关联度，再计算序列之间的灰置信度，根据置信度水平判断协同流程的稳定性。与类似模型的对比结果和灵敏性分析显示，该模型能够准确评价 SCLI 协同流程稳定性。研究结果为 SCLI 协同流程稳定性评价提供了方法，对完善 SCLI 协同理论起到了一定的作用。

（4）提出了基于 SPC 和信息熵的 SCLI 协同质量评价方法

针对 SCLI 协同质量评价问题，运用 SPC 方法从时间和数量两个方面对协同质量进行评价，采用信息熵方法分别确定时间和数量方面的权重，最后确定 SCLI 协同质量的综合评价结果。研究结果不仅为 SCLI 协同质量评价提供了一个新的视角，同时为 SCLI 协同质量的科学、客观评价提供了有效的方法。

7.3 研究展望

本研究对智能制造环境下混流生产的 SCLI 协同机制进行了较为深入系统的研究，在过程中也取得了一些创新性的研究成果，但由于智能制造尚处于不断发展完善的过程中，再加上 SCLI 协同的复杂性，客观条件的限制、研究时间的紧迫等原因，使本研究仍存在一些不足之处，有进一步深入研究的可能：

（1）当前全球智能制造理论和实践仍处于不断发展完善的过程中，因此，与智能制造相关的研究也在不断地演进发展，未来的研究领域和方向应当随着智能制造理论和实践的完善而不断拓展。

（2）实施智能制造的农机装备制造企业总体偏少，这给数据的收集带来了困难，新冠疫情防控使这一情况雪上加霜，而且部分模型和算法的假设有一定局限性，期望在未来的研究中可以不断改进这些模型和算法，使它们贴近现实，能用更加翔实的数据来准确地反映各种动态关系及评估机制应用效果。

（3）本研究没有涉及 SCLI 协同软件平台的设计开发，未来可以将研究设计开发嵌入本研究所提模型和算法的 SCLI 协同软件平台作为一个重要的研究方向。

本研究的顺利完成并不意味着本研究的终结，而是一个新的起点，存在的不足之处将成为未来进一步深入探求的切入点，从而引领探索未知领域。

参考文献 REFERENCES

[1] 周济. 智能制造："中国制造 2025"的主攻方向 [J]. 中国机械工程，2015，26 (17)：2273 - 2284.

[2] Zhou J.，Li P. G.，Zhou Y. H.，et al. Toward new - generation intelligent manufacturing [J]. Engineering，2018，4 (1)：11 - 20.

[3] 陈明，梁乃明，等. 智能制造之路：数字化工厂 [M]. 北京：机械工业出版社，2016.

[4] 包建军. 农机制造车间混流生产线平衡优化和物料配送研究 [D]. 乌鲁木齐：新疆大学，2020.

[5] Jiang W. An intelligent supply chain information collaboration model based on internet of things and big data [J]. IEEE Access，2019，7：58324 - 58335.

[6] 孔鹏举. 控制方式和供应链协同关系研究 [D]. 武汉：华中科技大学，2014.

[7] 王丽杰，王雪平. 汽车制造业绿色供应链协同管理研究 [J]. 理论探讨，2013 (5)：91 - 94.

[8] 江务学，胡选子，刘敏霞，等. 一种基于多智能体云供应链信息协同模型 [J]. 系统仿真学报，2016，28 (1)：51 - 56.

[9] 覃雪莲，刘志学. 供应链物流服务质量研究述评与展望 [J]. 管理学报，2018，15 (11)：1731 - 1738.

[10] 冰火，禾木. 论烟草供应链物流建设 [J]. 中国烟草学报，2014，20 (2)：1 - 8.

[11] 盛珊珊，邱伏生. 满足智能制造要求的物流供应链建设研究 [J]. 物流技术与应用，2015 (12)：142 - 146.

[12] 施先亮. 基于供应链的物流信息资源管理研究 [D]. 北京：北京交通大学，2008.

[13] 马捷，张云开，蒲泓宇. 信息协同：内涵、概念与研究进展 [J]. 情报理论与实践，2018，41 (11)：12 - 19.

[14] 孙芳. 国际贸易物流信息协同机理与功能聚合策略探析 [J]. 商业经济研究，2015 (28)：31 - 32.

[15] 龚凤美，马士华，谭勇. 物流信息能力对供应链绩效影响的实证研究 [J]. 工业工

程与管理，2007（2）：12-18.

[16] 宁学贵. 专家解读《农机装备发展行动方案（2016—2025）》[J]. 当代农机，2017（1）：49-50.

[17] 吕锋. 面向SOM的农机装备制造企业转型驱动机制及其路径研究 [D]. 长春：吉林大学，2016.

[18] Anderson D., Lee H. L. Synchronized supply chains: The new Frontier [J]. Advanced Simulation and Control Engineering Tool, 1999, 6 (4): 75-82.

[19] Trappey A. J. C., Trappey C. V., Chang S. W. C., et al. A one-stop logistic services framework supporting global supply chain collaboration [J]. Journal of Systems Science and Systems Engineering, 2016, 25 (2): 229-253.

[20] 翁卫兵，邵举平. 多重不确定环境下战略联盟供应链物流计划优化 [J]. 机械工程学报，2014，50（4）：192-202.

[21] 刘艳秋，蔡超. 考虑可靠性的物流服务供应链的契约设计 [J]. 控制与决策，2017，32（11）：2039-2044.

[22] Ramanathan U., Bentley Y., Pang G. The role of collaboration in the UK green supply chains: An exploratory study of the perspectives of suppliers, logistics and retailers [J]. Journal of Cleaner Production, 2014, 70: 231-241.

[23] 刘华明，王勇，李后建. 伙伴关系、物流能力与供应链整合关系研究 [J]. 中国管理科学，2016，24（12）：148-157.

[24] 段华薇，严余松，张亚东. 考虑企业社会责任的物流服务供应链定价与协调 [J]. 控制与决策，2016，31（12）：2287-2292.

[25] 张福安，达庆利，公彦德. 考虑双向主导相异的闭环供应链物流策略与补贴机制研究 [J]. 中国管理科学，2016，24（10）：44-51.

[26] 公彦德，达庆利. 基于横、纵双向协同的物流服务供应链研究 [J]. 科技管理研究，2015，35（7）：130-135.

[27] 段华薇，戴玥，严余松. 铁路物流中心参与的公铁联运物流服务供应链协调 [J]. 计算机集成制造系统，2016，22（6）：1590-1598.

[28] 付焯，严余松，郭茜，等. 生鲜农产品供应链物流风险传递机理及控制 [J]. 西南交通大学学报，2018，53（3）：654-660.

[29] 马波. 物流企业供应链违约风险度量 [J]. 统计与决策，2018，34（23）：174-177.

[30] 徒君，黄敏，赵世杰. 电商供应链物流服务契约设计与协调 [J]. 计算机集成制造

系统，2018，24（6）：1579－1588.

［31］Ascencio L. M.，Gonzalez－Ramirez R. G.，Bearzotti L. A.，et al. A collaborative supply chain management system for a maritime port logistics chain［J］. Journal of Applied Research and Technology，2014，12（3）：444－458.

［32］王建华，葛珍. 基于 Supply－Hub 的下游供应链协同决策研究［J］. 北京交通大学学报（社会科学版），2018，17（1）：117－127.

［33］王建华，王雪飞. Supply－Hub 装配式供应链物流协同研究综述［J］. 现代商贸工业，2016（8）：34－35.

［34］闫涛. 电气车间混流装配线规划与物料配送研究［D］. 北京：北京交通大学，2018.

［35］杨健. 汽车混流总装主辅料输送单元协同调度技术研究［D］. 南京：南京航空航天大学，2019.

［36］吕再生. 汽车混流排序与同步物流方法研究及其系统实现［D］. 杭州：浙江理工大学，2019.

［37］施贝. 基于 JIT 的混流制造车间物料配送优化研究［D］. 合肥：合肥工业大学，2019.

［38］万林. 农机装备混流生产车间的精益化物料配送策略［D］. 洛阳：河南科技大学，2019.

［39］杨晓英，王金宇. 面向智能制造混流生产的供应链物流协同策略［J］. 计算机集成制造系统，2020，26（10）：2877－2888.

［40］王昀睿，赵旭雯，武争利，等. 基于混流生产模式的装配车间物料配送路径规划方法［J］. 现代制造工程，2021（7）：109－116.

［41］付帅帅，陈伟达，王丹丹. 跨境电商物流供应链协同发展研究［J］. 东北大学学报（社会科学版），2021，23（1）：52－60.

［42］高志军，张萌，邵晴晴. 第三方物流嵌入全球供应链的系统协同演化机理［J］. 系统科学学报，2021（2）：105－110.

［43］Costantino F.，Di Gravio G.，Shaban A.，et al. The impact of information sharing and inventory control coordination on supply chain performances［J］. Computers & Industrial Engineering，2014，76：292－306.

［44］Wu I. L.，Chiu M. L. Examining supply chain collaboration with determinants and performance impact：Social capital，justice，and technology use perspectives［J］. International Journal of Information Management，2018，39：5－19.

[45] Wang Z.，Ye F.，Tan K. H. Effects of managerial ties and trust on supply chain information sharing and supplier opportunism [J]. International Journal of Production Research，2014，52 (23)：7046 - 7061.

[46] Huang Y. S.，Ho C. H.，Fang C. C. Information sharing in the supply chains of products with seasonal demand [J]. IEEE Transactions on Engineering Management，2017，64 (1)：57 - 69.

[47] Huang Y.，Wang Z. Information sharing in a closed - loop supply chain with technology licensing [J]. International Journal of Production Economics，2017，191：113 - 127.

[48] Jeong K.，Hong J. The impact of information sharing on bullwhip effect reduction in a supply chain [J]. Journal of Intelligent Manufacturing，2019，30 (4)：1 - 13.

[49] Lv Q. Supply chain coordination game model based on inventory information sharing [J]. Journal of Interdisciplinary Mathematics，2017，20 (1)：35 - 46.

[50] Şahin H.，Topal B. Examination of effect of information sharing on businesses performance in the supply chain process [J]. International Journal of Production Research，2019，57 (3)：815 - 828.

[51] Srivathsan S.，Kamath M. Understanding the value of upstream inventory information sharing in supply chain networks [J]. Applied Mathematical Modelling，2018，54：393 - 412.

[52] Dominguez R.，Cannella S.，Barbosa - Povoa A. P.，et al. Information sharing in supply chains with heterogeneous retailers [J]. Omega - International Journal of Management Science，2018，79：116 - 132.

[53] Teunter R. H.，Babai M. Z.，Bokhorst J. a. C.，et al. Revisiting the value of information sharing in two - stage supply chains [J]. European Journal of Operational Research，2018，270 (3)：1044 - 1052.

[54] Rached M.，Bahroun Z.，Campagne J. P. Decentralised decision - making with information sharing vs. centralised decision - making in supply chains [J]. International Journal of Production Research，2016，54 (24)：7274 - 7295.

[55] Ha A. Y.，Tian Q.，Tong S. Information sharing in competing supply chains with production cost reduction [J]. M&Som - Manufacturing & Service Operations Management，2017，19 (2)：246 - 262.

[56] 汪传雷，万一荻，秦琴，等. 基于区块链的供应链物流信息生态圈模型 [J]. 情报

理论与实践，2017，40（7）：115－121.

[57] Zheng Q. Collaborative optimization strategy of retail enterprises' supply chain information based on system dynamics [J]. Agro Food Industry Hi－Tech，2017，28 (1)：3354－3357.

[58] Gonul Kochan C.，Nowicki D. R.，Sauser B.，et al. Impact of cloud－based information sharing on hospital supply chain performance：A system dynamics framework [J]. International Journal of Production Economics，2018，195：168－185.

[59] 赵谓博，侯贵宾. 港口干散货物流供应链信息协同运作模式分析 [J]. 水运工程，2018（2）：151－156.

[60] Raweewan M.，Ferrell W. G.，Jr. Information sharing in supply chain collaboration [J]. Computers & Industrial Engineering，2018，126：269－281.

[61] Zhou Z.，Liu Y.，Yu H.，et al. Logistics supply chain information collaboration based on FPGA and internet of things system [J]. Microprocessors and Microsystems，2021，80：103589.

[62] Kembro J.，Naslund D.，Olhager J. Information sharing across multiple supply chain tiers：A Delphi study on antecedents [J]. International Journal of Production Economics，2017，193：77－86.

[63] 张涛，徐莉莉，吴珍华. 汽车零部件入厂物流中物联网采纳影响因素研究 [J]. 系统管理学报，2018，27（2）：254－263.

[64] 关越. 基于区块链的供应链信息协同管理研究 [D]. 秦皇岛：燕山大学，2018.

[65] 李杰. 区块链在供应链信息协同管理中的应用研究 [D]. 杭州：浙江理工大学，2020.

[66] 徐莉莉，孙亦峰，张涛. 物联网环境下的供应链信息协同研究 [J]. 物流技术，2015，34（5）：254－257.

[67] Xu L. P.，Ding L. W. An empirical analysis of the influence of information service input on the logistics efficiency of farm produce in China based on the panel data from 2000 to 2011 [J]. Custos E Agronegocio on Line，2014，10（2）：34－53.

[68] Liu C.，Huo B.，Liu S.，et al. Effect of information sharing and process coordination on logistics outsourcing [J]. Industrial Management & Data Systems，2015，115（1）：41－63.

[69] Huang L. Research on logistics transportation management information system based on the third generation mobile communication technology [J]. Agro Food In-

dustry Hi-Tech，2017，28（3）：761-765.

[70] Guo L. Design and implementation of logistics information system based on internet of things [J]. Agro Food Industry Hi-Tech，2017，28（1）：2646-2651.

[71] Werthmann D.，Brandwein D.，Ruthenbeck C.，et al. Towards a standardised information exchange within finished vehicle logistics based on RFID and EPCIS [J]. International Journal of Production Research，2017，55（14）：4136-4152.

[72] 马述忠，梁绮慧，张洪胜. 消费者跨境物流信息偏好及其影响因素研究：基于1 372家跨境电商企业出口运单数据的统计分析 [J]. 管理世界，2020，36（6）：49-64，244.

[73] 张玉峰，曾奕棠. 物流信息分析研究现状与趋势展望 [J]. 情报杂志，2014，33（6）：87-92.

[74] 曾奕棠，张玉峰. 基于云关联挖掘的物流信息智能分析方法研究 [J]. 情报科学，2016，34（10）：56-60.

[75] 曾奕棠，张玉峰. 基于云分类挖掘的物流信息智能分析方法研究 [J]. 情报科学，2016，34（11）：135-139.

[76] 张玉峰，曾奕棠. 基于动态数据挖掘的物流信息分析模型研究 [J]. 情报科学，2016，34（1）：15-19，33.

[77] 张玉峰，曾奕棠. 基于云聚类挖掘的物流信息智能分析方法研究 [J]. 情报资料工作，2016（1）：42-47.

[78] 张玉峰，曾奕棠，郝彦. 基于动态数据挖掘的物流信息智能分析策略研究 [J]. 图书馆学研究，2016（5）：46-49.

[79] 周磊，张玉峰. 融合物联网与数据挖掘的物流信息处理与分析 [J]. 图书馆学研究，2017（6）：61-65，21.

[80] Iskra A.，Tijan E.，Aksentijevic S. The modern approach to the analysis of logistics information systems [C]. Biljanovic P.，Butkovic Z.，Skala K.，et al. 2016 39th International Convention on Information and Communication Technology，Electronics and Microelectronics. Opatija，Croatia：IEEE. 2016：1504-1508.

[81] 郭韧，黄淑蓉，程小刚. 基于动态聚类的跨境电子商务物流信息匹配研究 [J]. 图书馆学研究，2018（1）：89-94.

[82] Gao Q.，Zhang J. W.，Ma J. F.，et al. LIP-PA：A logistics information privacy protection scheme with position and attribute-based access control on mobile devices [J]. Wireless Communications & Mobile Computing，2018（2018）：1-14.

http://doi.org/10.1155/2018/9436120.

[83] Zhang C., Shao X. Research on intelligent analysis of port logistics information based on dynamic data mining [J]. Journal of Coastal Research, 2020, 115 (spl): 93-95.

[84] 胡进. 物联网环境下的物流信息协同管理研究 [J]. 物流技术, 2014, 33 (13): 417-419, 456.

[85] 韩小改. 大数据时代电子商务物流信息反馈机理研究 [J]. 江西社会科学, 2014, 34 (8): 232-235.

[86] Choi T. M., Wallace S. W., Wang Y. Risk management and coordination in service supply chains: Information, logistics and outsourcing [J]. Journal of the Operational Research Society, 2016, 67 (2): 159-164.

[87] 卢安文, 刘佳奇. 物流服务供应链信息共享激励策略研究 [J]. 科技管理研究, 2019, 39 (7): 221-225.

[88] 陈启新. 现代企业物流信息运行机制与风险防范策略 [J]. 情报科学, 2021, 39 (3): 161-165.

[89] Hu Z. H., Sheng Z. H. A decision support system for public logistics information service management and optimization [J]. Decision Support Systems, 2014, 59: 219-229.

[90] Zhu S. P., Wang Y. M. Construction of reverse logistics management information system based on internet of things [J]. Agro Food Industry Hi-Tech, 2017, 28 (3): 738-742.

[91] 孙笑, 刘春延, 张池军, 等. "互联网+"背景下敏捷物流管理信息共享机制研究 [J]. 情报科学, 2017, 35 (5): 157-159.

[92] Fu H. W. Factors influencing user usage intention on intelligent logistics information platform [J]. Journal of Intelligent & Fuzzy Systems, 2018, 35 (3): 2711-2720.

[93] Yang Z. Construction of a logistics information management system for large-scale groups based on enterprise resource planning [J]. Agro Food Industry Hi-Tech, 2017, 28 (1): 1852-1856.

[94] 程琳, 朱晓峰, 陆敬筠. 基于大数据的共享物流信息平台模型研究 [J]. 科技管理研究, 2018, 38 (15): 234-238.

[95] Tiye K., Gudeta T. Logistics management information system performance for pro-

gram drugs in public health facilities of East Wollega Zone, Oromia regional state, Ethiopia [J]. Bmc Medical Informatics and Decision Making, 2018, 18: 133.

[96] 桂云苗，刘大玉，龚本刚. 物流信息平台增值服务投资策略与演化分析 [J]. 西南交通大学学报，2021，56 (2)：371-377，384.

[97] Guo B. Research on the construction of logistics information platform for coastal ports under the background of electronic commerce [J]. Journal of Coastal Research, 2020, 115 (spl): 120-122.

[98] Zhang N., Zheng K. Research and design of the architecture of the marine logistics information platform based on big data [J]. Journal of Coastal Research, 2020, 106 (spl): 628-632.

[99] He H. N., Wang X. C., Peng G. Z., et al. Intelligent logistics system of steel bar warehouse based on ubiquitous information [J]. International Journal of Minerals Metallurgy and Materials, 2021, 28 (8): 1367-1377.

[100] Zhang Z. A supply chain information pushing method for logistics park based on internet of things technology [J]. Mobile Information Systems, 2021, http://doi.org/10.1155/2021/5544607.

[101] 李培根，Marik V.，高亮，等. 智能制造专题主编寄语 [J]. Engineering，2019，5 (4)：9-12.

[102] 刘强. 智能制造理论体系架构研究 [J]. 中国机械工程，2020，31 (1)：24-36.

[103] 张芸. 智能制造下中国制造企业的智能物流发展之道 [J]. 物流技术与应用，2020，25 (5)：80-83.

[104] 曾奕棠. 基于云挖掘的物流信息智能分析研究 [D]. 武汉：武汉大学，2015.

[105] 杨晓英. 云制造模式下大型装备成套服务运作协同与优化 [D]. 镇江：江苏大学，2013.

[106] Do W., Park H., Chung K., et al. An effects analysis of logistics collaboration: The case of pharmaceutical supplies in Seoul [J]. Sustainability, 2019, 11 (8).

[107] 祝锡永，李杰. 区块链在优化供应链信息协同管理中的应用研究 [J]. 物流工程与管理，2020，42 (5)：77-80.

[108] 曾奕棠，张玉峰. 基于云挖掘的物流信息智能分析应用平台研究 [J]. 中国流通经济，2016，30 (1)：31-36.

[109] Gao L. Collaborative forecasting, inventory hedging and contract coordination in dynamic supply risk management [J]. European Journal of Operational Research,

2015，245（1）：133-145.

[110] 潘峰. 物流信息网络下的供应链管理研究 [J]. 物流技术，2010，29（13）：149-151.

[111] 赵继新. 大数据时代下物流信息网络技术探讨 [J]. 西部交通科技，2020，153（4）：182-184，201.

[112] Montoya-Torres J. R.，Ortiz-Vargas D. A. Collaboration and information sharing in dyadic supply chains：A literature review over the period 2000-2012 [J]. Estudios Gerenciales，2014，30（133）：343-354.

[113] Kang K.，Zhao Y.，Zhang J.，et al. Evolutionary game theoretic analysis on low-carbon strategy for supply chain enterprises [J]. Journal of Cleaner Production，2019，230：981-994.

[114] Friedman D. Evolutionary games in economics [J]. Econometrica，1991，59（3）：637-666.

[115] Roca C. P.，Cuesta J. A.，Sanchez A. Evolutionary game theory：Temporal and spatial effects beyond replicator dynamics [J]. Physics of Life Reviews，2009，6（4）：208-249.

[116] 范如国. 博弈论 [M]. 武汉：武汉大学出版社，2011.

[117] Hafezalkotob A.，Mahmoudi R.，Hajisami E.，et al. Wholesale-retail pricing strategies under market risk and uncertain demand in supply chain using evolutionary game theory [J]. Kybernetes，2018，47（6）：1178-1201.

[118] Mahmoudi R.，Rasti-Barzoki M. Sustainable supply chains under government intervention with a real-world casecase study：An evolutionary game theoretic approach [J]. Computers & Industrial Engineering，2018，116：130-143.

[119] Sun H.，Wan Y.，Zhang L.，et al. Evolutionary game of the green investment in a two-echelon supply chain under a government subsidy mechanism [J]. Journal of Cleaner Production，2019，235：1315-1326.

[120] Li C.，Zhang F.，Cao C.，et al. Organizational coordination in sustainable humanitarian supply chain：An evolutionary game approach [J]. Journal of Cleaner Production，2019，219：291-303.

[121] Jiang L. C.，Jing Y. M.，Hu S. Z.，et al. Identifying node importance in a complex network based on node bridging feature [J]. Applied Sciences-Basel，2018，8（10）：1914.

［122］胡钢，徐翔，高浩，等. 基于邻接信息熵的网络节点重要性识别算法［J］. 系统工程理论与实践，2020，40（3）：714－725.

［123］刘韧. 物流信息网络任务协调机理研究［D］. 北京：北京交通大学，2008.

［124］柏向阳. 物流信息网络系统安全问题及解决方案［J］. 物流技术，2015，34（7）：258－260.

［125］陈立. 物流信息语义匹配研究［D］. 北京：北京交通大学，2011.

［126］Yazdani M.，Kahraman C.，Zarate P.，et al. A fuzzy multi attribute decision framework with integration of QFD and grey relational analysis［J］. Expert Systems with Applications，2019，115：474－485.

［127］Hu Y.，Wu L.，Shi C.，et al. Research on optimal decision－making of cloud manufacturing service provider based on grey correlation analysis and TOPSIS［J］. International Journal of Production Research，2019，58（3）：748－757.

［128］胡东方，贺民璐. 基于广义灰关联的农机离合器可靠性分析［J］. 农业工程学报，2016，32（19）：65－73.

［129］Raj A.，Sah B. Analyzing critical success factors for implementation of drones in the logistics sector using grey－DEMATEL based approach［J］. Computers & Industrial Engineering，2019，138：106118.

［130］Singh P. K.，Sarkar P. A framework based on fuzzy Delphi and DEMATEL for sustainable product development：A case of Indian automotive industry［J］. Journal of Cleaner Production，2020，246：118991.

［131］Nguyen Ngoc T.，Wongthanavasu S. On reduction of attributes in inconsistent decision tables based on information entropies and stripped quotient sets［J］. Expert Systems with Applications，2019，137：308－323.

［132］刘思峰. 灰色系统理论及其应用［M］. 北京：科学出版社，2017.

［133］韦保磊，谢乃明. 广义灰色关联分析模型的统一表述及性质［J］. 系统工程理论与实践，2019，39（1）：226－235.

［134］Yang Y.，Wang X. Attribute reduction based on the grey relational analysis and dynamic programming［C］. Wang，H Yuen，SY Wang，L Shao，L Wang，X. 2013 Ninth International Conference on Natural Computation（Icnc），Shenyang，peoples R China，IEEE，IEEE Circuits & Syst Soc，2013：697－701.

［135］张健，王晋东，余定坤. 基于灰关联分析的连续值属性约减算法［J］. 计算机应用，2014，34（2）：401－405.

[136] 颜艳，丁健，管雪珍. 不完备信息系统的一种属性约简 [J]. 计算机工程与应用，2010，46 (36)：165-167.

[137] 夏新涛，秦园园，邱明. 基于灰关系的制造过程稳定性评估 [J]. 航空动力学报，2015，30 (3)：762-768.

[138] 陈香，龚本刚，蒋培. 改进广义灰色关联故障树的危化品 LSSC 可靠性诊断 [J]. 中国安全生产科学技术，2019，15 (7)：149-155.

[139] Kim S.，Lee J. G.，Yi M. Y. Developing information quality assessment framework of presentation slides [J]. Journal of Information Science，2017，43 (6)：742-768.

[140] Hilligoss B.，Rieh S. Y. Developing a unifying framework of credibility assessment：Construct，heuristics，and interaction in context [J]. Information Processing and Management：An International Journal，2008，44 (4)：1467-1484.

[141] Michnik J.，Lo M. C. The assessment of the information quality with the aid of multiple criteria analysis [J]. European Journal of Operational Research，2009，195 (3)：850-856.

[142] Miller H. The multiple dimensions of information quality [J]. Information Systems Management，1996，13 (2)：79-82.

[143] Arazy O.，Kopak R.，Hadar I. Heuristic principles and differential judgments in the assessment of information quality [J]. Journal of the Association for Information Systems，2017，18 (5)：403-432.

[144] Garcia Alcaraz J. L.，Maldonado Macias A. A.，Prieto Luevano D. J.，et al. Main benefits obtained from a successful JIT implementation [J]. International Journal of Advanced Manufacturing Technology，2016，86 (9-12)：2711-2722.

[145] Rossini M.，Costa F.，Tortorella G. L.，et al. The interrelation between Industry 4.0 and lean production：An empirical study on European manufacturers [J]. International Journal of Advanced Manufacturing Technology，2019，102 (9-12)：3963-3976.

[146] 郝章程. 精益管理让橡胶企业加速实现智能制造 [J]. 中国橡胶，2016，32 (17)：9-13.

[147] Garcia Alcaraz J. L.，Aracely Maldonado A.，Alvarado Iniesta A.，et al. A systematic review/survey for JIT implementation：Mexican maquiladoras as case study [J]. Computers in Industry，2014，65 (4)：761-773.

[148] Zhang H. , Deng Y. Engine fault diagnosis based on sensor data fusion considering information quality and evidence theory [J]. Advances in Mechanical Engineering, 2018, 10 (11): 1-10.

[149] Zan T. , Liu Z. H. , Su Z. F. , et al. Statistical process control with intelligence based on the deep learning model [J]. Applied Sciences - Basel, 2020, 10 (1): 308.

[150] 巩军，胡涛，姚路. 基于信息熵的关键链缓冲区设置方法 [J]. 自动化学报，2022，48 (8)：2039-2049.

[151] Guo C. G. , Yang L. W. , Chen X. , et al. Influential nodes identification in complex networks via information entropy [J]. Entropy, 2020, 22 (2): 242.

附　录 APPENDIX

缩略语词汇表

CPS 信息物理系统（Cyber Physical Systems）

CRM 客户关系管理（Customer Relationship Management）

DEMATEL 决策试验和评价实验室方法（Decision Making Trial and Evaluation Laboratory）

DIS 决策信息系统（Decision Information System）

EGT 演化博弈理论（Evolutionary Game Theory）

ERP 企业资源计划（Enterprise Resource Planning）

ESS 演化稳定策略（Evolutionary Stable Strategy）

GAC 灰色绝对关联分析（Grey Absolute Correlation）

GGRA 广义灰色关联分析（Generalized Grey Relational Analysis）

JIT 准时生产制（Just in Time）

MES 制造执行系统（Manufacturing Execution System）

MPS 主生产计划（Master Production Schedule）

MRP 物料需求计划（Material Requirement Planning）

PP 采购计划（Procurement Plan）

PSP 生产顺序计划（Production Sequence Plan）

SPS 营销计划（Sales Plan System）

SPC 统计过程控制（Statistical Process Controlling）

SCLI 供应链物流信息（Supply Chain Logistics Information）

SCM 供应链管理（Supply Chain Management）

WMS 仓库管理系统（Warehouse Management System）

POSTSCRIPT 后 记

本研究是在河南科技大学薛玉君教授和杨晓英教授的指导下完成的，首先感谢他们从选题到定稿全过程的指导和帮助，感谢他们既给了我宽阔的创新思维空间又教会我严谨求实的治学理念。当我遇到疑惑时，他们用丰富的专业学识为我指明了前进的方向使我茅塞顿开；当我心情低落时，他们又用发自内心的鼓励为我打开了励精图治的大门使我重新整装砥砺前行。没有他们从学习、工作、生活上的指导与关爱，我难以顺利完成本研究。再次向两位老师致以衷心的感谢！借此一隅向指导我、帮助我、关心我的老师、同学、朋友致以最真诚的谢意！

感谢河南科技大学机电工程学院的各位老师们！感谢他们长期以来对我的关心和支持，感谢他们在我遇到难题时为我解疑释惑，在拙文撰写过程中不吝珠玉！

感谢河南科技大学机电工程学院工业工程系的同事们，他们帮我分担了很多工作！特别感谢吕锋副教授、李军星博士、李亚杰高级工程师和武汉大学经济与管理学院的龚丽敏副教授帮我一起讨论、撰写、完善本研究！

感谢和祝福关心和支持我不断成长的所有人！

张志文

2022 年 12 月

图书在版编目（CIP）数据

智能制造环境下混流生产的供应链物流信息协同机制研究／张志文著．—北京：中国农业出版社，2023.10
ISBN 978-7-109-30782-7

Ⅰ．①智…　Ⅱ．①张…　Ⅲ．①制造工业—供应链管理—物流管理—研究　Ⅳ．①F407.4

中国国家版本馆CIP数据核字（2023）第101157号

中国农业出版社出版
地址：北京市朝阳区麦子店街18号楼
邮编：100125
责任编辑：闫保荣
版式设计：王　晨　　责任校对：张雯婷
印刷：北京中兴印刷有限公司
版次：2023年10月第1版
印次：2023年10月北京第1次印刷
发行：新华书店北京发行所
开本：700mm×1000mm　1/16
印张：9.5
字数：150千字
定价：68.00元
